SERVIÇO SOCIAL DO COMÉRCIO
Administração Regional no Estado de São Paulo

Presidente do Conselho Regional
Abram Szajman
Diretor Regional
Danilo Santos de Miranda

Conselho Editorial
Áurea Leszczynski Vieira Gonçalves
Rosana Paulo da Cunha
Marta Raquel Colabone
Jackson Andrade de Matos

Edições Sesc São Paulo
Gerente Iã Paulo Ribeiro
Gerente Adjunto Francis Manzoni
Editorial Jefferson Alves de Lima
Assistente: Rafael Fernandes Cação
Produção Gráfica Fabio Pinotti
Assistente: Ricardo Kawazu

A incrível história de Leny Eversong _ou_ A cantora que o Brasil esqueceu

Rodrigo Faour

© Rodrigo Faour, 2023
© Edições Sesc São Paulo, 2023
Todos os direitos reservados

Preparação Tulio Kawata
Revisão José Ignacio Mendes, Mario Tommaso
Design Casa Rex

Dados Internacionais de Catalogação na Publicação (CIP)

F219i   Faour, Rodrigo

A incrível história de Leny Eversong ou A cantora que o Brasil esqueceu / Rodrigo Faour. – São Paulo: Edições Sesc São Paulo, 2023. –
284 p.

Bibliografia
ISBN: 978-85-9493-262-4

1. Música. 2. Leny Eversong. 3. Cantora. 4. Memória. 5. Biografia. 6. História. 7. Preconceito. 8. Gordofobia. I. Título. II. Campos, Hilda.

CDD 780.9

Ficha catalográfica elaborada por Maria Delcina Feitosa CRB/8-6187

Edições Sesc São Paulo
Rua Serra da Bocaina, 570 – 11º andar
03174-000 – São Paulo SP Brasil
Tel. 55 11 2607-9400
edicoes@sescsp.org.br
sescsp.org.br/edicoes
❤ 🐦 📷 ▶ /edicoessescsp

Apresentação **07**
Danilo Santos de Miranda

Prefácio **11**
Júlio Diniz

Introdução **15**

Parte I

A história de
Leny Eversong

Do longo anonimato ao estrelato **25**

O triunfo nos Estados Unidos **59**

A consagração na volta ao Brasil **79**

Leny conquista a Europa **95**

O "show do ano" em Las Vegas **121**

Outras artes e repertórios **145**

Um grande trauma e o afastamento progressivo **175**

Parte II

O legado de
Leny Eversong

O apagamento da memória **195**

O "nacional popular" e a música brasileira **205**

Um corpo feminino fora dos padrões **221**

Por que lembrar Leny Eversong? **255**

Referências bibliográficas **261**   Agradecimentos **271**   Sobre o autor **283**

Apresentação

Os discursos hegemônicos atravessam o corpo de todos os sujeitos que vivem sob uma mesma temporalidade, com intensidades e hierarquias distintas, mas que não se furtam à avalanche da norma. Reconhecer a densidade e as tessituras do processo histórico significa assumir sua condição plástica e de confronto narrativo, de forma que a cesura, termo emprestado de Walter Benjamin, propicia uma ruptura cronológica e, da descontinuidade, abre-se a fresta por onde é possível reencontrar a memória e reescrevê-la.

É assim, no caleidoscópio da não linearidade dos fatos, que reencontramos Leny Eversong em *A incrível história de Leny Eversong ou A cantora que o Brasil esqueceu*, uma artista da cidade de Santos, no estado de São Paulo, que atravessa ainda hoje o paradoxo de não ter sido preservada no imaginário coletivo nacional, embora tenha mobilizado multidões em seus shows dentro e fora do país. Rodrigo Faour aponta vestígios para a inquietação do que tem sustentado o seu apagamento.

Como hipótese, o autor nos apresenta parte do contexto brasileiro dos anos 1950 e 1960, cuja trama político-cultural, localizada na chamada Segunda República, entre a ditadura de Getúlio Vargas e a militar, se depara com a fragilidade democrática entrelaçada ao nacionalismo, condição que se sobrepõe às produções culturais da época em censuras diversas e demandas específicas, de maneira que uma intérprete de canções de língua inglesa, nas rádios populares, não correspondia aos ideais legitimados do que seria adequado chegar aos ouvintes.

Na vitrine da adequação, os padrões estéticos concebem critérios impostos ao feminino e intrínsecos à sua valorização, de modo que o reconhecimento de suas competências profissionais está frequentemente condicionado à aceitabilidade de sua imagem, como é possível perceber na biografia de Leny, que passa a ter como central esse tema em sua trajetória – com o corpo obeso e a voz grave, rompe os parâmetros do que se autoriza a uma mulher; assim, sua constituição corporal é, ela mesma, um desvio dos padrões, uma afronta às expectativas.

A busca por uma feminilidade específica indica os padrões de um período que, sem perigo de anacronismos, persiste até a atualidade ao nos depararmos com a composição de caricaturas em relação a pessoas gordas tão presentes no conjunto de símbolos que partilhamos coletivamente. A fratura no decurso nos permite, por meio da linguagem e sua ação cotidiana, apontar novas nomenclaturas para nomear e enfrentar antigos preconceitos.

Mas que caminho é possível trilhar com os dispositivos materiais e subjetivos da memória para que esta se mantenha viva? Que registros seriam escolhidos no lapso do tempo? Talvez percorrer os entremeios para descondicionar o passo e perceber na falha a potência para uma crônica do que ainda precisa existir, como Michel Foucault nos dá pistas com a contra-história, a história da contranorma.

Muitas etapas parecem compor os obstáculos para a existência de uma mulher cantora, mas se "eversong" é do inglês "sempre canção", e nos presenteia com alguma continuidade insistente, é na disposição ativa para a construção de realidades possíveis que o Sesc São Paulo se propõe ao exercício da criação, circulação e resguardo de narrativas como parte do processo de democratização cultural, tendo a chance de ressignificar fissuras e, por meio de repetições a partir da ausência, lançar algo novo, tal qual uma canção que se aprende justo por sua repetição no rádio.

Danilo Santos de Miranda
Diretor do Sesc São Paulo

Prefácio

Este é um livro necessário.

Rodrigo Faour é um desses brasileiros especiais que nos fazem sentir orgulho da grandeza estética e artística do Brasil. É um desses seres apaixonados e enlouquecidos pela nossa música, seus ídolos, suas preciosidades, detalhes, histórias e mistérios. Além de jornalista, produtor musical, crítico e doutorando em Literatura pela PUC-Rio, posso afirmar com certeza absoluta que Rodrigo Faour é um dos mais importantes e respeitados pesquisadores da história da música popular brasileira na atualidade.

Autor de livros que vasculham com sensibilidade e afeto; sem perder a objetividade e a precisão, a vida e a carreira artística de grandes nomes como Angela Maria, Cauby Peixoto, Dolores Duran e Claudette

Soares, Rodrigo não só pertence a uma genealogia de grandes pesquisadores, historiadores e críticos, como Jairo Severiano, Zuza Homem de Mello e Ruy Castro, como está sempre inquieto e mirando o futuro, mesmo que esse futuro esteja ligado irremediavelmente ao passado, como nos seus últimos livros, *História da música popular brasileira: sem preconceitos*, volumes 1 e 2.

Sua trajetória profissional é marcada por uma busca incessante de personagens, temas, fatos e ideias que não ocupam o *mainstream*, não estão na crista da onda, não são repetidos *ad nauseam* no mar de banalidades e obviedades que se espraia nas redes sociais. Ele busca, seja no YouTube, no palco dos teatros ou casas de espetáculo, seja nos textos e nos seus programas imperdíveis, o não dito, o obscuro, a obs-cena, o desconhecido, o esquecido, o que para o pensamento hegemônico carece de importância midiática e mercadológica. Há na produção de pensamento de Faour uma saudável e potente obsessão por decifrar histórias de vida, abrir arquivos secretos, desnudar a hipocrisia, o engano, o engodo. Nesse sentido, toda a sua produção como pesquisador, autor, produtor e jornalista é direcionada a uma noção de história que privilegia a minoridade da grandeza, o valor menor do que realmente tem importância, os paradoxos que fazem da cultura brasileira um misto de Carnaval com pelourinho.

Por todas essas características, eu reafirmo que *A incrível história de Leny Eversong ou A cantora que o Brasil esqueceu* é uma obra fundamental para todos que querem saber mais sobre grandes divas da nossa tradição musical cuja história foi rasurada, borrada e, em alguns casos, apagada da memória coletiva e social que nos aproxima e nos acolhe.

Recordo-me de uma conversa que tivemos quando ele estava envolvido com a dissertação de mestrado que deu origem a este livro. Dizia eu que conheci as canções interpretadas por Leny Eversong na casa de minha avó materna, lugar de encontro de uma família grande, barulhenta, solidária e extremamente musical. Meu avô tocava cavaquinho, a Rádio Nacional era ouvida por todos, meu tio colecionava *Radiolândia* e *Revista do Rádio*. E aquela voz violentamente poderosa de Leny Eversong estava sempre presente numa casa de classe média que era deliciosamente musical. Uma de minhas tias, apaixonada pela música norte-americana, ouvia Leny como se fosse Sarah ou Ella ou Bessie, um engano maravilhoso, um atravessamento de origens, nacionalidades, tradições. Eversong é um achado, um truque sedutor, uma síntese de dois dos mais importantes berços culturais e artísticos da música popular, o Brasil e os Estados Unidos.

Faour já havia produzido o disco *A voz poderosa de Leny Eversong* em 2002 e mantinha com a discografia da cantora grande intimidade. Quando resolveu transformar a musa/diva em personagem de um livro, investiu muito na pesquisa, principalmente nos eixos biográficos e iconográficos, com garimpos incríveis, sacadas geniais, numa prosa sedutora, informativa, crítica e poética ao mesmo tempo, que, com certeza, o leitor encontrará fartamente nas páginas a seguir.

A vida pessoal e a trajetória artística de Leny Eversong, captadas com sensibilidade e acuidade por Faour, repetem, em diferença, a glamorosa e trágica narrativa que aproxima grandes intérpretes, vozes preciosas, mulheres especiais. É uma história de talentos que viveram momentos de *popstar* e outros de isolamento e abandono. Assédio moral, desaparecimentos prematuros, gordofobia, falência financeira, abatimento moral, solidão e melancolia se misturaram na vida de Leny com o sucesso, o reconhecimento público, o glamour.

"Por que lembrar Leny Eversong?", pergunta e provoca Rodrigo Faour. A resposta está nesta bela, contundente e reparadora obra.

O leitor verá que este é um livro necessário, com certeza.

Júlio Diniz
Pesquisador e professor de literatura comparada no
Programa de Literatura, Cultura e Contemporaneidade da PUC-Rio

Introdução

Por muito tempo, houve nos meios acadêmico e jornalístico uma espécie de consenso: certos tipos de artistas e gêneros da música popular brasileira deviam ser valorizados e estudados em detrimento de outros que, embora muitas vezes fossem até os mais consumidos pelo grande público, não eram considerados dignos de figurar em estudos e compêndios dessa natureza. Eram intérpretes, compositores, instrumentistas e estilos musicais que obedeciam a outros parâmetros, baseados em linhas menos "nacionais" e "tradicionais", como preferiam nitidamente nossos jornalistas e historiadores do século XX; ou menos "sofisticadas", "vanguardistas" e "politizadas", até mesmo chegando a um modelo utópico de Brasil que "deu certo", como estudaram muitos de nossos acadêmicos, certos de que esses objetos de análise representavam, de fato, todo o país.

Entretanto, é possível estudar criticamente um Brasil calcado em outras perspectivas, observando o legado de personagens que não se destacaram necessariamente por serem "cantores de rádio", "de bossa nova", "da MPB politizada", "sambistas de morro", "chorões cariocas", "ases do frevo pernambucano" ou por terem, pessoalmente, fora dos próprios trabalhos artísticos, um posicionamento político público relevante sobre o que quer que fosse, ou por influenciarem comportamentalmente uma dada geração. Outros que até tiveram seu peso à época, mas por pertencerem a um segmento menos interessante aos olhos dos analistas, geralmente de classe média, se tornaram invisíveis, muitas vezes chegando a ser apagados da história, embora extremamente atuantes na vida artística de seus tempos.

Os cantores do auge da Era do Rádio (1946-58), da fase dos grandes auditórios, que já foram objeto de análise em diversos de meus trabalhos anteriores são um bom exemplo. Marlene, Cauby Peixoto, Emilinha Borba, Nelson Gonçalves, Jorge Goulart, Carmen Costa, Linda e Dircinha Batista, Blecaute ou Ivon Curi nunca foram considerados pelos analistas tão importantes quanto a geração que criou, por exemplo, o choro, o samba ou a bossa nova. Eram sempre vistos como algo menor, "cafona", sem brilho, tendo as vozes eclipsadas pelas emissões radiofônicas barulhentas de então devido à histeria das "macacas de auditório"[1]. Seus repertórios, calcados nos gêneros preponderantes da época, o baião e o samba-canção, seriam igualmente "menores". Isso sem contar os outros estilos estrangeiros difundidos no mesmo período por esses artistas, igualmente ou até mais subestimados que os nacionais, considerados inferiores ou irrelevantes por serem "menos brasileiros". Tal época só seria redimida pelo aparecimento de João Gilberto e seus colegas da bossa nova – talentosos e modernizadores,

---

1 Termo cunhado pejorativamente pelo jornalista Nestor de Hollanda nos anos 1950 para se referir às mulheres de baixo nível de instrução, normalmente negras, que gritavam nos auditórios das grandes emissoras cariocas, sobretudo a Rádio Nacional, pelos seus ídolos como Emilinha Borba, Marlene, Cauby Peixoto, Angela Maria e Dalva de Oliveira.

com toda a justiça, mas que nunca foram as únicas referências dos maiores expoentes que renovaram a música brasileira a partir da Era dos Festivais, ou seja, após 1965: a geração de Elis, Gal, Bethânia, Chico, Gil, Nara, Caetano, Edu, Milton e afins.

Dessa maneira, resgatando também os excluídos, é possível entender muito melhor a pluralidade não só do canto desses artistas "modernos" citados, bem como os muitos brasis dentro do Brasil do século XX. E não apenas do ponto de vista paródico, como a Tropicália inicialmente os resgatou, mas levando-os realmente a sério, como os próprios tropicalistas, no exílio e no decorrer da década de 1970, o fariam, abraçando muitos deles. Caetano, ao gravar "Asa branca" em Londres, imitando o lamento do cego cantador nordestino, levou Luiz Gonzaga às lágrimas na porta de uma loja de discos em Fortaleza. Essa conexão só foi possível porque, numa situação-limite, a emoção de um sentimento conectava por meio da arte (musical) dois mundos distantes dentro de um mesmo universo cultural, superando qualquer diferença estética, qualquer vanguarda intelectual. E esse exemplo prova que Luiz Gonzaga, um artista da Era do Rádio, foi tão importante para Caetano (e sua geração) quanto João Gilberto, Tom Jobim e sua bossa nova.

Como a veterana Angela Maria e as novas harmonizações de samba-jazz do Zimbo Trio geraram a Elis Regina que passamos a conhecer a partir de fins de 1964 no Teatro Paramount, em São Paulo. Como Dalva de Oliveira, Elizeth Cardoso e Aracy de Almeida se juntaram à vanguarda dos baianos – tanto os sambistas do Recôncavo, como Batatinha, quanto seus colegas "desbundados" de geração – no canto de Bethânia. Do mesmo modo que Nara Leão se viu no samba de Cartola, Zé Keti e Nelson Cavaquinho, como se via no barquinho do amigo e ex-namorado Roberto Menescal e como ainda se veria nas canções de Roberto e Erasmo na década de 1970, quebrando novo tabu, já que em 1978 gravou o álbum ...*E que tudo mais vá pro inferno*, somente com canções da dupla registradas originalmente por Roberto, num tempo em que este ainda não era considerado "MPB". Que, a propósito, o estilo de canto de Roberto e Erasmo Carlos poderia ser muito mais "bossa nova" ("cantavam descontraídos, com espantosa naturalidade") do que as deliciosas gritarias, *scats* ou virtuosismos de Elis, Simonal ou Leny Andrade nos anos 1960, como bem sinalizou um solitário Augusto de Campos, ainda em 1966 num artigo publicado no *Correio da Manhã*[2], sob o olhar desconfiado de seus pares. E, vale dizer, os jovemguardistas citados eram fãs de Bill Haley e Elvis Presley, mas também de João Gilberto, Cauby Peixoto e Tito Madi.

O desafio deste livro, uma adaptação da minha dissertação de mestrado defendida em março de 2020, no Programa de Literatura, Cultura e Contemporaneidade da PUC-Rio, é tentar preencher mais uma das lacunas que ficaram de fora da grande maioria dos estudos da música popular feitos até o momento. Refiro-me ao legado da cantora paulista Leny Eversong (Hilda Campos Soares da Silva, 10/9/1920-29/4/1984), que atuou justamente entre as décadas de 1930 e 1970, atravessando toda a fase de – como diz o cânone evolucionista dos historiadores – consolidação, transição e modernização de nossa música popular, hoje inteiramente esquecida, e cujo auge se deu entre 1955 e 1968.

Meu interesse por ela começou por volta de 1992, enquanto cursava jornalismo na PUC-Rio. Tudo aconteceu por acaso, quando um colega de curso me deu uma fita cassete para que eu gravasse por cima algumas canções para um trabalho nosso. Na capa da fita estava escrito "*Sereno – Leny Eversong*". Como sempre via esse nome americanizado de cantora, tão diferente no meio de tantos outros, quando folheava a *Enciclopédia da Música Brasileira* que minha mãe, professora de música, tinha em casa, resolvi ouvir a fita antes de qualquer coisa. Encantado com a sua voz portentosa, telefonei para o historiador Jairo Severiano, que me disse se tratar de uma grande intérprete e me copiou também em fita dois álbuns da cantora. Nessa altura eu tinha apenas 20 anos de idade.

Desde então passei a colecionar tudo que achava sobre ela – revistas, fotos, discos etc. Já escrevendo na *Tribuna da Imprensa*, em 1999, publiquei uma matéria sobre seu legado na capa do caderno *Tribuna Bis*. Em seguida, no *site CliqueMusic*, em 2000, fiz o mesmo. No ano seguinte, na primeira matéria que fizeram sobre o meu trabalho de pesquisador, no

---

2   O assunto é abordado em dois artigos, um publicado em junho e o segundo em outubro de 1966 no jornal carioca *Correio da Manhã*, posteriormente incluídos no livro *Balanço da bossa* (São Paulo: Perspectiva, 1974), uma coletânea de textos de Augusto de Campos.

caderno *Ela*, do jornal *O Globo*, falei sobre a cantora – o que me levou até João Araújo, à época diretor da Som Livre. Por seu intermédio, fiz novo trabalho de garimpo no acervo da antiga gravadora RGE (já incorporada à Som Livre) para produzir a primeira coletânea em CD da minha carreira, *A voz poderosa de Leny Eversong*, em 2002, e no encarte escrevi um breve texto biográfico sobre ela, com depoimentos de vários de seus contemporâneos – hoje quase todos falecidos.

O tempo passou e, cinco anos depois, tive outra oportunidade de produzir nova coletânea na mesma Som Livre, com repertório diferente dentro da série *Grandes Vozes*. Finalmente, em 2012, foi a vez da série *Super Divas*, em que me debrucei no garimpo de seus fonogramas na extinta gravadora Copacabana – então controlada pela EMI Music. Foi nessa época que o filho da cantora, Álvaro Augusto, me procurou, a fim de doar parte do acervo de sua mãe. Sendo assim, no final daquele ano, fui até sua casa em Mairiporã, na Grande São Paulo, e ele me doou todas as fotografias que tinha dela (cerca de duzentas), um caderno que a artista guardara desde muito jovem com todas as matérias da primeira fase de sua carreira, outro com suas anotações do dia a dia, e cinco troféus que ganhara entre os anos 1950 e 1960, inclusive um Roquette Pinto, com a figura de um papagaio em bronze, de Melhor Cantora de Música Popular Internacional de 1955.

Munido de todo esse material, este trabalho procura, em primeiro lugar, trazer à tona a impressionante história dessa intérprete brasileira, relegada ao ostracismo total há pelo menos meio século. Digo "impressionante" não apenas pelos seus fartos recursos vocais e performáticos ou por sua história de vida acidentada, recheada de grandes dramas pessoais, mas pelo fato de ela ter atravessado com grande êxito importantes momentos da vida artística e musical do país e até do estrangeiro, numa época em que isso não era absolutamente comum. Leny atuou em emissoras de rádio e TV, filmes, boates, teatros, gravadoras – nacionais e estrangeiras – da maior relevância e, ainda assim, nada disso parece ter sido suficientemente relevante à memória do Brasil, pois praticamente ninguém se interessou em preservar seu nome para as gerações futuras.

Além disso, este trabalho busca compreender os motivos do apagamento de sua trajetória artística. Sendo ela uma intérprete especialista em cantar em vários idiomas, sem ter lançado canções nacionais importantes, achei por bem investigar como era o julgamento estético de alguns jornalistas e críticos em geral de seu tempo, com forte viés "nacional popular", menosprezando os artistas que não militavam exclusivamente num repertório brasileiro e de uma qualidade que estivesse de acordo com seu padrão de "bom gosto". Da mesma forma, este trabalho tenta entender como Leny, portadora de um corpo fora dos padrões, obeso e com uma voz muito potente, conseguiu superar esse estigma, vencendo inclusive no exterior, e, ao mesmo tempo, a partir de seu afastamento dos palcos, como sucumbiu a um preconceito velado do senso comum, que permanece até os dias de hoje, relativo às mulheres, inclusive artistas, que ousaram simplesmente "ser" ou se projetar nas artes com um corpo físico e vocal diferente daquele imposto pela normatividade.

Além de trazer um brevíssimo histórico sobre o conceito de beleza no Ocidente, destacando em especial a diferença de projeção que as mulheres de formas opulentas tiveram nas mais diferentes épocas, de acordo com as convenções culturais de cada período, trabalhei com os conceitos de "não memória" e "contramemória"[3] dentro da própria memória social coletiva, a fim de provocar a discussão sobre, afinal, quais memórias seriam de fato mais palatáveis à sociedade nas últimas décadas e o porquê disso, e se esses corpos não seriam mais facilmente esquecíveis justamente por estarem fora de sintonia com esse imaginário coletivo.

Finalmente, realizei um levantamento de diversas cantoras ou cantoras-atrizes igualmente corpulentas de diversas gerações e estilos posteriores aos de Leny, e, além de recolher na imprensa depoimentos de algumas delas sobre essa questão do corpo, entrevistei cinco dessas artistas, no intuito de tentar compreender: 1) de que maneira esse senso comum pejorativo em relação ao corpo feminino fora dos padrões ainda reina em nosso imaginário; 2) como essas artistas vêm lidando com essa questão da década de 1970 para cá; e 3) o que elas têm

---

3   Pode-se pensar dentro do conceito de "memória (social) coletiva" um outro que seria exatamente o seu revés, o da "não memória", que Foucault chamava de "contramemória", criado em 1977, incluindo na análise das representações do passado a voz daqueles que foram silenciados e marginalizados pelos discursos dominantes.

realizado no sentido de tentar superá-lo, rumo a uma sociedade mais justa em que seus talentos – e memórias – não sejam sufocados por questões meramente estéticas e de fundo preconceituoso.

Parte I

ROUTE 1
PARK AVE.
BUSES
STOP HERE

A história de
Leny Eversong

Do longo anonimato ao estrelato

A história de Leny Eversong começa em meados dos anos 1930. Enquanto Noel Rosa, Ary Barroso, Braguinha, Lamartine Babo e Assis Valente viviam seu clímax como compositores e Francisco Alves, Silvio Caldas, Orlando Silva, Carlos Galhardo, Cyro Monteiro, Carmen Miranda e Aracy de Almeida eram os maiores cartazes vocais do país, ela começou ainda pré-adolescente, em 1932, na Rádio Clube de Santos, cantando duas vezes por semana no programa *Vozes e Canções*, transferindo-se três anos depois para a Rádio Atlântica de Santos, emissoras de sua cidade natal. Com uma voz potente e boa pronúncia do inglês, era inicialmente chamada de "Hildinha, a Princesinha do Fox", sendo especialista num dos primeiros gêneros norte-americanos a virar mania entre os brasileiros, sucedendo aos *one-steps*.

Virei Princesinha do Fox aos 12 anos de idade. Eu tinha muita vontade de cantar. Eu era aquele tipo de menina chata, prodígio. Aquela que fica puxando assim a minha mãe: "Mamãe, pede pra *mim* cantar, pede pra eu recitar". Mas eu era assim. Eu nasci artista. E mamãe, então... Se usava botar as filhas para cantar, mas em programas assim, como se chama? Programas que não se recebe nada... Qual o nome? Bem, programas [de calouros], só pra fazer bonito. E mamãe me levou. Cantei apenas um dia sem ser profissional. Logo os donos me chamaram e disseram: "Nós queremos que sua filha cante aqui". "Não sei, tem que perguntar pro meu marido", aquela coisa de gente antiga. Houve uma polêmica na minha casa. Meu pai não queria, mas minha mãe era a meu favor, porque mamãe era uma grande artista, mas assim dentro de casa. Porque antigamente não se admitia que uma senhora cantasse para o público. Minha mãe tocava piano, pintava, bordava, cantava muitíssimo bem e ela quis se realizar por intermédio da filha dela. E eu fui cantar após muito tempo, ganhando um salário "fenômeno"! 80 mil réis. Mas dava pro meu parzinho de sapato, um corte de vestido e eu já me sentia muito importante aos 12 anos.[4]

A seguir se daria a primeira tragédia em sua vida pessoal. Em 1933, aos 13 anos, ficou órfã da mãe, Nathalina, a dona Sinhá, que era também uma grande médium espírita, e dois anos depois, do pai, Ubaldo, e foi viver com os tios por um brevíssimo tempo. Em todo esse período, era uma menina de poucas posses. Basta dizer que ia a pé, descalça, para a rádio, de modo a não gastar o único par de sapatos que tinha. Dezoito dias após a morte do pai, ainda adolescente, aos 15 anos, em 2 de dezembro de 1935, casou-se com Álvaro Sampaio Filgueiras, que também era músico.

Aconteceu que minha mãe faleceu quando eu tinha 13 anos. Aos 14, perdi meu pai[5]. Então uma menina, pode-se dizer, apenas com o corpo grande, pois sempre fui uma mulher grande, não assim gorda como eu sou, mas um tipo de mulher, e criada à antiga, bem infantil. Mas eu tive que virar uma mulher, me amadurecer rapidamente, tive que enfrentar a vida, trabalhar muito, sem

---

4   Entrevista de Leny a Pinky Wainer, *Série Documento*, TV Bandeirantes, dir. Roberto de Oliveira, 1974.
5   Segundo a sua Certidão de Casamento, Leny perdeu o pai em novembro de 1935, portanto aos 15 anos.

Leny com o primeiro marido,
Álvaro, nos anos 1930.

às vezes ter um tostão. Naquele tempo um tostão custava um reboque de bonde. E muitas vezes eu tinha que ir com o sapatinho na mão, andando na areia para não sujar os pés e para não gastar o sapato. Eu andava mais ou menos umas dez quadras para ir ao ensaio, voltava pra minha casa pra jantar, e depois voltava pra cantar, e voltava de novo. Era da pesada! Eu "camelei" bastante.[6]

Por volta de 1935 conheceu Carlos Baccarat, gerente da Rádio Atlântica de Santos, que lhe daria seu nome artístico. E Hilda Campos foi rebatizada de Leny "Eversong" – literalmente, "sempre canção". Nessa fase, mesmo já cantando seus foxes, queria mesmo era ser cantora de ópera, mas ele a convenceu de que ela morreria de fome se optasse por tal carreira, porque o canto lírico era algo muito elitista naquela época e uma atividade promissora apenas para moças da alta sociedade que pudessem incrementar os estudos na Europa ou nos Estados Unidos. "Depois que me convenceu a cantar jazz, o Baccarat escrevia as palavras como se pronunciava e eu, ignorante de pai e mãe em inglês, ia em frente. O 'I love you' era 'ai lovi iu'"[7], explicava, aos risos, a cantora.

Chegou uma hora que Leny Eversong já não tinha muita vez. Música americana, você sabe, tinha uns poucos aficionados por jazz. Eu só cantava música séria, o jazz, e já não queriam pagar, mas eu tinha que viver, pagar o pão de cada dia. Então virei radioatriz, e disse: "Eu sou radioatriz". Naquele tempo, o [Armando] Rosas [diretor da Rádio Atlântica de Santos] disse assim: "Você dá pra esse negócio?". "Imagina se não", respondi, mas morrendo de medo. Fiz um teste e passei. Me deram uma novela. Novela, não, uma peça inteira: "A mulher e a montanha". Era eu só de mulher e a montanha naquele dia também era eu, que de tanto medo de perder o pão de cada dia, meu emprego, desmaiei sem saber porquê, mas era medo de perder o emprego. Felizmente eu levantei, terminei a novela e digo com orgulho que nunca mais eu caí, nunca mais tive medo de enfrentar a vida, nunca mais tive medo de ter fome. Embora nesse tempo todo de vida que eu tenho muitas vezes passei fome, mas com alegria e esperança porque

6   Entrevista de Leny a Pinky Wainer, *Série Documento, op. cit.*
7   Antônio Mafra, "O drama (sem as velhas canções) de Leny Eversong", *O Globo*, 14 abr. 1984, p. 29.

A jovem Hilda Campos, "rebatizada" Leny Eversong, na Rádio Tupi, em abril de 1937.

eu sou muito otimista. Sou a favor da pessoa que não esmorece. Eu posso dizer que passei por muitas coisas e nunca esmoreci não. Qualquer coisinha de bom que acontece na minha vida já é suficiente para o meu ânimo "alevantar-se". Eu já não espero grandes coisas da vida.[8]

Em 1937, aos 17 anos, teve uma chance extraordinária de ir para a capital federal, pois se tratava da única real oportunidade para que talentos locais de outros cantos do país pudessem ter alguma visibilidade em âmbito nacional.

Como tinha que acontecer, alguém escutou a Leny Eversong: "Onde estava essa mulher? Essa menina precisa cantar no Rio!". E eu fui para o Rio de Janeiro. Foi minha primeira viagem. Cantei lá na [Rádio] Tupi do Rio, cantei no Copacabana Palace... De roupa, você sabe, eu tinha um vestidinho só. Graças a Deus, tinha muita saúde, era bem bonita naquele tempo. E um batonzinho assim, com aquele mesmo vestido. Não precisava nem queimar a cuca pra saber "com que roupa que eu vou". Hoje me atrapalho toda, tiro todas as roupas, experimento, peço opinião daqui, peço opinião de lá. Naquele tempo era mais fácil, vestia aquele vestido mesmo e já estava lá! Depois da Tupi do Rio, voltei para a miséria lá de Santos, trabalhando como uma danada. Minha história precisaria de uns 10 programas de uma hora pra eu contar mais ou menos a minha vida. É aquele rosário...[9]

No rádio, Leny continuou alternando o trabalho de cantora com o de radioatriz. Gostava de papéis fortes, atuando em programas como o *Teatro de Antena*, da Atlântica de Santos, e até mesmo o de locutora, em emissões como *Melodias para Você*. Também realizou diversas temporadas em cassinos, principalmente o Cassino Guarujá, mas também em Poços de Caldas, no do Hotel Quisisana. Em sua breve passagem pelo Rio de Janeiro, chegou a cantar também nos famosos cassinos da Urca e do Copacabana Palace, isso até a proibição do jogo em abril de 1946 pelo presidente Dutra. Em São Paulo, exibiu-se no Jequitibá Club, um ponto de encontro da alta

8   Entrevista de Leny a Pinky Wainer, *Série Documento, op. cit.*
9   *Ibidem.*

30   A incrível história de Leny Eversong ou A cantora que o Brasil esqueceu

sociedade paulistana da época, e firmou contrato com as rádios Bandeirantes, onde ganhou um concurso no programa da Dama Mascarada, depois Cultura e Gazeta, embora tenha se apresentado também na Difusora, até aportar na Tupi em 1944.

Em paralelo, aos 22 anos, a partir de outubro de 1942 (até outubro de 1943), ela começou a gravar, como *lady crooner* da orquestra de Anthony Sergi, o Totó, o repertório que a consagrou, especialmente sucessos norte-americanos, como "I'm Getting Sentimental Over You" (Ned Washington, George Bassman) e "White Christmas" (Irving Berlin), difundidos muitas vezes pelos filmes de Hollywood, como "Weekend in Havana" e "(I Got a Gal in) Kalamazoo" (ambas de Harry Warren, Mack Gordon), "Tangerine" (Johnny Mercer, Victor Schertzinger) e "Always in

Leny, "A cantora misteriosa"
da Rádio Cultura de São Paulo.

My Heart" (do cubano Ernesto Lecuona com letra de Kin Ganon), num total de nove discos de 78 rotações por minuto, cantando em 17 das 18 faixas dos discos.

Nessa altura, também estrearam em disco Nelson Gonçalves, Isaurinha Garcia e Ademilde Fonseca. Todos alcançaram o sucesso, ao contrário de Leny, que passou a década inteira sem maior repercussão. Seus discos – assinados com seu nome artístico americanizado – deviam servir à sua gravadora, Columbia, para suprir lacunas da demora de os discos estrangeiros chegarem ao mercado brasileiro, e possivelmente era consumida pelo público como uma cantora norte-americana.

No final de 1943, no transcorrer da Segunda Guerra Mundial, a Columbia se retirou do país provisoriamente e a Byington & Cia., que a representava, fundou a Continental, continuando a ser dirigida por Braguinha, que manteve Leny na gravadora, dessa vez assinando sozinha. Continuou gravando melodias em inglês a partir de 1944, como "Stormy Weather" (Ted Koehler, Harold Arlen) e "I Can't Give You Anything but Love" (Jimmy McHugh, Dorothy Fields) e ainda "The Music Stopped" (Harold Adamson, Jimmy McHugh), "I Dug a Ditch" (L. Brown, R. Freed, B. Lane), "Irresistible You" (D. Raye, G. DePaul), "Candy" (Mack David, Joan Whitney, Alex Kramer), "My Mammy" (Walter Donaldson, Joe Young, Sam M. Lewis), "April Showers" (Louis Silvers, B. G. de Sylva), entre outras. Foram mais onze discos (22 gravações) até 1947.

Seis anos após seu casamento, em 9 de julho de 1941, teve seu filho único, homônimo do pai, Álvaro Augusto de Campos Filgueiras. Até então tinha um corpo esbelto – chegou a ser considerada a mulher mais bonita de Santos, segundo depoimento de seu filho ao autor. Era inclusive esportista. Praticou arremesso de peso, além de vôlei, na posição de levantadora no Vasco da Gama de Santos, embora seus esportes favoritos na adolescência fossem natação e equitação[10]. Aos 21, entretanto, já não era tão magra quanto antes e, a partir de então, teve um desequilíbrio hor-

---

10 Informações da *Revista Brasilidade*, de Santos, de 1943, confirmada na matéria do jornal (mensal) *A Imprensa de São Paulo*, de abril de 1948. Essas e outras matérias da fase inicial da cantora (anos 1930, 1940 e início de 1950) estão coladas num caderno doado pelo filho da cantora ao autor, mas infelizmente poucas têm a data exata de publicação.

A então esportista Hilda Campos, prestes a iniciar a carreira fonográfica. Primeira à esquerda, Leny identificou seu nome e o das amigas a lápis na foto.

monal e engordou muito. Por volta dos 30 anos passou a usar os cabelos oxigenados, ornando um belo rosto, de sorriso cativante. Era uma figura que chamava a atenção. Entretanto, o casamento não foi longe. Em entrevista ao autor em 2012, Álvaro explicou:

> O meu pai tocava violão, piano e fazia harmonização vocal, e minha mãe adorava cantar. A música os uniu. Eles se casaram, ela com 15 e ele com 29. Mas como o irmão mais velho dele, meu tio e padrinho, era presidente da Bolsa de Valores de Santos, que na época tinha mais valor que a de São Paulo, pois era lá que embarcavam as mercadorias, ele foi trabalhar com esse irmão e largou a música.[11]

11 Álvaro Augusto, aos 71 anos, em entrevista ao autor em novembro de 2012.

Com o filho Álvaro Augusto e parentes, nos anos 1950.

A separação, segundo ele, se deu porque Leny encontrou a carta de uma mulher para seu pai e ali ela tomou conhecimento de que o marido, apesar de casado com ela, estava noivo, de aliança e tudo, com outra mulher.

Aí ela foi embora. Desse baque meu pai jamais se recuperou. Nossa, como sofreu! Nessa idade a gente sente as coisas, mas não entende o que está acontecendo. Ele tentou de tudo para que ela voltasse, mesa branca, mesa preta... Daí, o que ele fez? Prendeu o filho. Na época, a justiça dizia que o que a minha mãe fez era abandono de lar, e deu a minha guarda ao meu pai.

Leny só podia encontrar-se com o próprio filho uma vez por mês na praça da República, centro de São Paulo, durante vários anos, até que, quando Álvaro tinha seus 7 anos, o pai faleceu.

Quando meu pai morreu, houve disputa em família. A família dele, que era milionária, queria me roubar, e me botaram dentro do carro para me levar com eles. Acontece que Georgina, que sempre foi amiga da minha mãe e considero minha tia madrinha, tinha uma família que por coincidência morava na nossa mesma rua, me tirou do carro e disse: "Não, a mãe dele está vindo aí, chegando de São Paulo! Ninguém vai levar ele daqui não!". Me trancaram na casa de uma irmã dela e fiquei escondido até minha mãe chegar.

Quando sua mãe chegou, ele retornou à casa, nessa altura toda saqueada pela vizinhança, beijou "a testa gelada" de seu pai no caixão e foram de ônibus – Expresso Brasileiro – para São Paulo morar com ela e seu novo marido, Luís Fernando, cujo apelido era Ney, numa união oficializada apenas em 23 de setembro de 1952. "Ele logo quis fazer amizade comigo. Quando ele apareceu com carro novinho, foi a primeira vez que chamei ele de pai, olha que 'fdp' eu era! Como eu era interesseiro! [Risos] Ele era muito legal comigo, fazia carrinho de madeira, me levava no Trianon para brincar..." Essa separação dramática do filho único vai explicar muito de suas escolhas artísticas futuras, que a levaram a abrir mão de mundos e fundos para tê-lo sempre por perto.

Nesse tempo, Leny (que na identidade passou de Hilda Campos Filgueiras a Hilda Campos Soares da Silva) peregrinou por várias emissoras da capital paulista até aportar na Tupi; porém, mesmo contratada, teve de se reinventar, para manter o contrato.

> Vou te explicar. Foi em 1950, se não me engano, uma vez eu pedi um aumento na Tupi de 500 mil réis – eu ganhava um conto de réis – e me negaram. "Não pode ser porque, você sabe, o gênero que você canta não é bem popular", disseram. Daí comecei a citar nomes que ganhavam dois contos e 500, três contos de réis e os diretores diziam: "Mas esses artistas cantam música popular [brasileira]. Cantam samba, música de carnaval". "Ah, é isso aí? Deixa comigo. Vou cantar o que os outros cantam! Quero que você me prove que eles cantam isso tudo do jeito que eu canto." Eu engoli aquilo porque eu queria provar a eles que eu era capaz. Comecei a cantar música brasileira, inclusive uma do Raguinho, que me impingiram [...]. Me mostravam uma porção de música [ruim]. Depois só que eu soube disso: "Vamos mostrar aquela droga [para ela]" e cantaram: "Eu não sabia que você me amava...". Eu gravei e foi a primeira vez que São Paulo apareceu no Carnaval do Brasil. E quem fez isso no Brasil foi a Leny Eversong.[12]

A canção à qual Leny se refere é o samba "Eu não sabia", gravado para o Carnaval de 1953. Na verdade, não apareceu tanto assim como ela disse em seu relato. Teve um êxito efêmero, sendo esquecido logo após a folia, assim como a marchinha que gravara no ano anterior, "Pode ir em paz", mesmo com a grife de dois grandes compositores, Hervé Cordovil e aquele que ainda não havia se consagrado nacionalmente como autor, Adoniran Barbosa – o que se daria só dali a três anos. Porém, nem sempre suas incursões pelas canções carnavalescas davam muito certo. O cantor Roberto Luna, que chegou a São Paulo naquele mesmo ano de 1953 e tornou-se seu amigo, lembra-se de um constrangimento que a cantora passou no auditório da Nacional de São Paulo (ex-Excelsior), para onde ela se transferiu depois da Tupi:

> No trabalho que antecedia o Carnaval, dependendo do programa, quando havia auditório, a gente pedia a colaboração das pessoas para fazer um

---

12 Entrevista de Leny a Pinky Wainer, *Série Documento, op. cit.*

coro, para ficar mais alegre a coisa. Daí ela explicou para o público como seria: "Em certo ponto vou perguntar pra vocês 'Tatu tá aí?' e vocês respondem 'Não'". O auditório ficou tão inibido dessa participação numa música tão boba, por causa da grandiosidade que ela representava, que na hora do breque, quando ela perguntava, em vez do público responder, fez só com a cabeça que "não". De forma unânime! Foi uma tristeza que deu em todos nós que amávamos a Leny. A gente estava torcendo para que o auditório entrasse naquele pedido para ficar uma coisa legal, mas não deu. Aquele número foi uma decepção e não havia nenhuma necessidade de ela fazer aquilo. Uma concessão que fez pra ela mesma. Ela não tinha nada a ver com Carnaval.[13]

A grande mudança de repertório relatada por ela se deu um pouco antes desse episódio, em 1951, quando ela deixou um pouco de lado (mas não totalmente) as canções estrangeiras e começou a gravar também em português. Inicialmente na Continental, de um total de sete discos de 78 rpm, ou seja, 14 faixas, foram 11 em nosso idioma. A partir de 1953, na Copacabana Discos, seguiu a mesma linha, mas sem deixar eventualmente de registrar sucessos norte-americanos, como "Jezebel" (Wayne Shanklin), em 1952 – ainda que essa música só fosse estourar com ela alguns anos depois. Nessa altura, foi Jorge Goulart quem a gravou numa versão em português e que efetivamente fez sucesso. Curiosamente, o "lado B" desse disco ela dividiu com o iniciante Cauby Peixoto, seu colega no ambiente radiofônico paulistano. Era o fox "Blue Guitar" (A. C. Red Fortner, Dave Peyton). Em depoimento ao autor em 2000, Cauby revelou:

A Leny foi uma das maiores amigas que eu tive. Quando comecei a gravar, na época da Rádio Excelsior de São Paulo, vivia atrás dela. Ficávamos juntos nos bastidores da rádio até seu marido chegar para apanhá-la. Anos depois, ela me ensinou umas técnicas vocais para quando eu cantasse com outro cantor de muita voz, conseguisse prolongar as notas, sem ser derrubado por ele.[14]

13 Entrevista de Roberto Luna ao autor em março de 2019.
14 Entrevista de Cauby Peixoto ao autor em agosto de 2000.

Outro que discorreu sobre a cantora nessa mesma ocasião foi Toninho, um dos integrantes do grupo Demônios da Garoa, que a considerava "muito boa cantora", recordando um detalhe pitoresco, extramusical, dos tempos da Rádio Nacional de São Paulo. "Quando ela ia ensaiar pela manhã para as apresentações no programa *Manuel de Nóbrega*, que ia ao ar de meio-dia às duas da tarde, ela trazia uma marmitinha porque tinha medo de ficar com fome."

Inezita Barroso também a considerava "uma das vozes mais lindas do Brasil" e uma pessoa "muito querida, sem frescura – não era chata!". Trabalharam nessa mesma emissora e num show coletivo em 1955. "A voz dela empolgava quando cantava 'Babalu', bem antes de Angela Maria gravar. Cantava muita coisa em inglês e era muito engraçado porque não falava inglês, e para não esquecer escrevia tudo na mão como se pronunciava. Então 'light' ela escrevia 'laite'", contou, aos risos, na mesma ocasião ao autor. "Ela tinha uma voz grave, que cantava em teatro sem microfone, um volume de voz muito grande. Chegou até a cantar uns sambas, mas o forte era música que precisava de voz, o que ela tinha de sobra", atestou. Realmente essa insegurança de fazer dálias (colas) das músicas nas próprias mãos ou em bilhetinhos que ela levava no bolso não era apenas para não esquecer as pronúncias da língua inglesa, mas das próprias letras em si das canções que interpretava, o que ela mesma confidenciou décadas depois.

Eu vou te contar, isso é um caso para um psiquiatra resolver e eu não sei se ele resolverá porque acho que eu sei a razão. O psiquiatra apenas faz você conhecer as razões, mas geralmente ele não resolve. Mas eu vou contar a origem desse pavor que eu tenho de esquecer letra. Eu cantava no Cassino Guarujá. [Fui cantar uma música que] eu sabia a letra de trás pra frente, de frente pra trás. Tinha tanta confiança na minha memória naquela época que entrei e comecei: "Sometimes I wonder why I spend the lonely night...". E deu branco. Você sabe o que é o branco, minha filha? Escurece tudo! Eu cavucava a minha cabeça. E não tem nada de branco! Escurece tudo! Usava-se muito aquele "babababububu" do Bing Crosby [risos] e eu comecei naquela tapeação sem dizer nada, sem exteriorizar. Hoje em dia eu diria que esqueci a letra, mas quando a gente começa, tem medo de tudo. Eu cantava a letra duas vezes. Primeiro como *slow* e na volta como *blue* marcado. Eu esperei, pensei: "na volta eu vou me encontrar, não é possível!". Meu cérebro virava para eu encontrar a letra. [Cantarola de novo o mesmo trecho] E tive que ir embora de novo com "bibibububá" até o fim. Você sabe, minha querida, que, quando eu terminei, tinha uma poça d'água, de suor, embaixo. Eu tinha me desmilinguido. Foi um desespero, uma coisa tremenda. Desde esse instante, nunca mais tive confiança na minha memória.[15]

Além de levar consigo uma cola das músicas, outro expediente pitoresco que a acompanhou pela vida afora foi o de colocar uma colher de sal na boca antes de entrar em cena. Achava que limpava a garganta e a voz melhorava se chegasse ao palco com sede, desafiando a lógica da hidratação das cordas vocais, considerada o melhor remédio para a saúde vocal de um cantor – o que torna toda sua trajetória ainda mais impressionante.

Voltando à primeira metade dos anos 1950, nesse tempo Hebe Camargo seguia uma carreira de cantora no mesmo ambiente musical paulistano, sendo colega de Leny na Tupi paulista (e depois na Excelsior/Nacional de São Paulo). Porém, segundo Álvaro, a franca superioridade de sua mãe no canto em relação à colega, que só se projetaria nacionalmente de fato como apresentadora de TV, não como cantora, teria gerado uma rivalidade, desfavorecendo Leny, conforme ele relatou neste depoimento:

A Hebe era filha do Feguinha [Fêgo Camargo], terceiro violino da Orquestra da Rádio Tupi de São Paulo. Nunca foi [grande] cantora. Ela imitava a Carmélia Alves e cantava até o "oi", aquele improviso que ela fazia nos baiões. [Risos] Minha mãe, achando-se mal aproveitada na Tupi, foi pra Excelsior, cujo *slogan* era "O maior auditório do Brasil, uma poltrona em cada lar". Aí começou o drama. Ela estava indefinida, com músicas que não pegavam e não tinham muito a ver com ela, e também não podia fazer arranjos com Gaó [o melhor arranjador de São Paulo daquele tempo, mais moderno], porque ele só podia fazer para a Hebe, daí fazia mais com o Guerra-Peixe, assim como a Inezita Barroso. É que a Hebe também se

---

15 Entrevista de Leny a Pinky Wainer, *Série Documento, op. cit.*

mudou da Rádio Tupi, pois começou a namorar o Luís Batista Ramos, o dono da Rádio Excelsior [futura Nacional de São Paulo, antes de Victor Costa comprá-la], para onde a minha mãe tinha se transferido.

Para se ter uma ideia, tinha um programa lá que veio da Nacional do Rio chamado *Nada Além de Dois Minutos*. Quando a minha mãe fazia mais sucesso que a Hebe, ficava de castigo e só cantava nesse programa. Porque toda música tem três minutos, mas nesse programa, quando dava dois minutos, entrava uma sirene e a música parava. E ela ficou cantando um ano nesse esquema! De repente, ela conseguiu fazer um arranjo com Gaó[16], aí já se destacou. A outra ficou furiosa. Tanto isso é verdade que a Hebe nunca chamou minha mãe para ir em seus programas de TV.[17]

Na Copacabana Discos, entre 1953 e o início de 1955, Leny gravou onze discos, ou seja, 22 músicas, brasileiras ou versões de músicas estrangeiras, que, por serem em português, ela acreditava aumentar seu apelo junto ao público. E mesmo ganhando o prêmio máximo da música da época, o Troféu Roquette Pinto, como Melhor Intérprete de Foxes de 1953 e uma medalha de ouro oferecida por um jornal paulista na mesma ocasião, sua estrela nunca decolava, tanto é que numa matéria do *Diário Carioca*, de 24 de outubro de 1954, o importante crítico Janjão Cisplandim, no artigo "Onze veteranas não fazem *goal*", a incluía na turma de cantoras que vinham tentando a sorte havia tempos sem sucesso, tais como Marion, Zilá Fonseca, Violeta Cavalcanti, Stelinha Egg, Neusa Maria, Christina Maristany, Horacina Corrêa, Olga Praguer Coelho, Olivinha Carvalho e Alzirinha Camargo.

Segundo Álvaro, seu padrasto nessa altura comprou uma administração predial e imobiliária e disse à esposa: "Leny, chega de humilhação. Você não precisa mais trabalhar". Foi quando surgiu um convite para que fosse ao Rio de Janeiro participar da inauguração da Rádio Mundial, que iria integrar as Organizações Victor Costa (OVC) – capitaneada pelo ex-diretor da Nacional do Rio, que fora figura exponencial na transformação da emissora carioca na maior potência de comunicação do país até então –,

---

16 Justamente o referido samba "Eu não sabia".
17 Entrevista de Álvaro Augusto ao autor em novembro de 2012.

da qual faziam parte a Rádio Mayrink Veiga, do Rio de Janeiro, e as rádios Nacional, Excelsior e Cultura, de São Paulo.

"Minha mãe pediu pelo amor de Deus ao meu pai para deixá-la ir ao Rio tentar só mais essa vez", revelou Álvaro[18]. Estávamos no dia 14 de março de 1955, às 22h10, e Leny, à beira dos 35 anos, pronta para encarar o auditório carioca como um touro na arena. Após soltar seu impressionante vozeirão no velho samba-exaltação "Canta Brasil", de Alcyr Pires Vermelho e David Nasser, do repertório de Francisco Alves, com arranjo do seu preferido à época, o maestro Gaó, ela abafou a banca. No dia seguinte, a imprensa carioca não falava em outra coisa. Três dias depois da breve apresentação, em sua coluna "Mesa de Pista", cobrindo o que acontecia na noite carioca, o compositor, produtor e cronista Antonio Maria já demonstrava seu entusiasmo com a "nova" cantora. Não propriamente pelo recital da Rádio Mundial, mas por uma "canja" que Leny dera durante um show de Elizeth Cardoso na boate Vogue, que rivalizava com a do Copacabana Palace, à época considerada a mais chique do Rio de Janeiro.

O grande show – Quem não viu não sabe o que perdeu. O Vogue na noite de segunda-feira apresentaria Elizeth Cardoso. Ela sozinha com a sua grande classe, o que já é muito. Mas de repente surgiu Silvio [Caldas] trazendo no bico duas canções. Palmas, apelos e Silvio, alegando cansaço, pediu para ficar no que tinha cantado, anunciando Leny Eversong. Este nome é quase que completamente desconhecido. Ninguém sabe quem é Leny Eversong, nem do que ela é capaz. Pois bem, essa mulher fabulosa cantou seis números. O Vogue só não veio abaixo porque o santo do Barão é forte e austríaco[19]. Não quero aqui elogiar ou tentar dar uma ideia do que seja Leny Eversong. O melhor é vocês irem vê-la logo que o Vogue a anuncie. Uma coisa, porém, faz-se necessária: como aval de seu êxito, dou o meu nome, minha experiência e minha imparcialidade. Fiquem imaginando o que seja Leny Eversong e quando a estreia for marcada lá estejam com o coração preparado para sobressaltos.[20]

18 *Idem.*
19 O proprietário da casa era o barão Von Stucker.
20 *O Globo*, coluna Mesa de Pista, 17 mar. 1955, 2ª Seção, p. 2.

Dias depois, começava a reverberar na imprensa a sua apresentação na Rádio Mundial. No *Diário da Noite*, o título era um tanto irreverente, "Leny Eversong, o sucesso marciano". A reportagem justificava: "Não porque tenha se registrado no mês de março, mas porque Leny Eversong é 'do outro planeta'". O certo é que todos estavam assombrados com a musicalidade, teatralidade, sua impressionante extensão vocal e uma característica da qual falaremos mais adiante, sua exuberância física. Era muito gorda. Se antes havia a sambista Odete Amaral, alguns quilos acima do peso, Leny era a primeira cantora realmente obesa a se destacar em nossa música. Portanto, era uma voz, uma interpretação e uma imagem corporal diferente de tudo o que os brasileiros estavam habituados. O subtítulo não deixava dúvidas: "A cantora da Rádio Nacional de S. Paulo é a sensação do momento, onde se prova que físico 'biquinesco' não é fator imprescindível para o triunfo absoluto".

> Na semana de festas com que a Mundial inaugurou sua nova linha de programação, a cantora Leny Eversong foi a detentora do maior sucesso. No primeiro dia da programação festiva, com a presença de astros no palco do auditório da A-3, quando aquela senhora de formas avantajadíssimas começou a cantar, dominou. Sua voz de sonho, sua interpretação personalíssima fizeram-na a conquistadora de verdadeira apoteose. Leny, além de voz e escola excepcionais, possui repertório moderníssimo, a que empresta uma interpretação *sui generis*. Há muito tempo não se registrava reação igual em ouvintes e assistentes. A artista foi coberta de flores, principalmente na noite de quinta-feira última, quando tomou parte novamente na programação festiva. Realmente o entusiasmo se alastrou pela cidade. Em todos os cantos, em todas as rodas só se fala nessa cantora espantosa.[21]

A reportagem recordava que Leny já havia cantado na Tupi do Rio alguns anos antes, mas observava que seu erro estava na escolha de repertório, e que havia deixado a então capital federal meses depois apagada,

---

21 "Leny Eversong, o sucesso marciano", *Diário da Noite*, 21 mar. 1955, 2ª Seção, p. 11.

A explosão tardia de Leny na Rádio Mundial do Rio de Janeiro, registrada nas páginas do *Diário da Noite* de 21 de março de 1955.

retornando à sua terra natal. Agora, reforçava o acerto na escolha das músicas, inclusive do cancioneiro internacional apresentado: "Descobriu a pólvora. O lugar-comum está exato, porque essa mulher faz explodir de entusiasmo o mais frio auditório". A seguir, disse que ela possuía, cantando, "um verdadeiro palco na garganta", tal o desdobramento de seu talento em múltiplas personalidades: "Ela, dentro da pauta, gargalha, soluça, amarga-se e rejubila-se. É impressionante". E encerrava, com nova menção ao seu padrão feminino incomum no meio artístico da época, ainda mais para uma "revelação":

> Certa dama, fazendo blague, disse: "Para que uma mulher possa vencer no rádio é preciso que tenha o rosto de Martha Rocha [a Miss Brasil 1954], as pernas da vedete Joana D'Arc e o busto da [atriz Gina] Lolobrigida". A cantora da Rádio Nacional de São Paulo desmente tal afirmativa. Embora de rosto agradável e mesmo bonito, é imensamente gorda e não é de idade juvenil. Mas "abafa", faz delirar de entusiasmo quando começa a cantar.

Há muitos anos não se registra sucesso igual. Nem com gente de fora nem com a prata da casa[22].

A reportagem anunciava ainda que, como parte do *cast* das OVC, a partir de abril teria um horário só para ela, ao vivo, na Rádio Mundial. Três semanas depois, o legendário colunista social Ibrahim Sued, no jornal *O Globo* de 12 de abril, anunciava mais uma novidade: "Vai estrear no Vogue a cantora Leny Eversong que decididamente está sendo chamada a 'Edith Piaf brasileira'", o que se deu, efetivamente, quatro meses antes de a boate ser destruída num terrível incêndio. Mais sucesso. Não tardou para que, já em maio, o *Diário da Noite* desse o furo: as Emissoras Associadas, do mago das comunicações daquele tempo, Assis Chateaubriand, comprou seu passe, tirando-a das OVC: "J. Antônio D'Ávila [diretor da Rádio Tupi] julgou que a par das estrelas das Associadas... o *cast* vocal da Taba teria de contar com uma artista do gênero de Leny, da extensão de voz dessa cantora que alcança três oitavas, à semelhança da 'índia' Yma Sumac".

O historiador de música brasileira Jairo Severiano, que viveu esse tempo, também via semelhanças entre as duas artistas:

> Nas décadas de 1940 e 1950, fazia grande sucesso a peruana Yma Sumac e aqui descobriram a Leny. Em matéria de extravagância e extensão vocal, e com um repertório mais eclético, o Brasil tinha uma representante mais interessante que a Yma, pois essa não cantava com a expressão ou em tantas línguas como a Leny, que cantou em todas que se possa imaginar.[23]

Contratada das Associadas, Leny cantaria então na Rádio Tupi (do Rio) às segundas à noite, estreando a 25 de julho daquele ano de 1955 (em *Grandes Audições dos Lençóis Canário*), mas também entraria na grade da emissora aos domingos, às 14h, em *Matinée Tupi* (animada por Aerton Perlingeiro) – meses depois substituído pelo *Caleidoscópio*, de Carlos Frias, às 19h. Leny também cantaria na TV Tupi do Rio, e na Rádio e TV Tupi de São Paulo. O famoso crítico Ary Vasconcelos, na revista

---

22 *Ibidem.*
23 Entrevista de Jairo Severiano ao autor em agosto de 2000.

O Cruzeiro, vaticinou a sua contratação como "o acontecimento radiofônico do ano".

A cantora estava agora na vice-líder de audiência radiofônica e teria como colegas de emissora cantores como Dalva de Oliveira, Dóris Monteiro, Aracy de Almeida, as irmãs Linda e Dircinha Batista, Gilberto Alves, Conjunto Farroupilha, Odete Amaral, Dilú Melo, Dorival Caymmi e Cauby Peixoto (por pouco tempo, pois logo retornaria à Nacional). Também eram do elenco das Associadas produtores/redatores como Max Nunes, Silveira Neto, Almirante e J. Rui, e instrumentistas como Sivuca e Altamiro Carrilho, além de Ary Barroso, que se revezava como apresentador de programa de calouros e locutor esportivo. Só não eram capazes de superar mesmo a audiência da Nacional do Rio, na qual brilhavam cantores como Angela Maria, Marlene, Emilinha Borba, Ivon Curi, Nora Ney, Jorge Goulart e Jackson do Pandeiro, e apresentadores como César de Alencar, Paulo Gracindo e Manoel Barcelos, insuperáveis ídolos do momento em todo o país.

Álvaro é testemunha de que Leny ainda tentou manter seu contrato com o *pool* das emissoras de Victor Costa, dizendo ao diretor da Excelsior, Edmundo de Souza, que embora tivesse recebido uma oferta da Tupi, gostaria de permanecer na casa, pois gostava do ambiente, mas ele não cobriu a proposta.

> Foi a sorte dela. Na Tupi, só em TV ela fazia cinco capitais. Sei disso porque eu ia com ela. Nos mudamos para o Rio, onde nos fixamos. Tivemos apartamento no Hotel Novo Mundo, depois passamos ao Hotel Excelsior, Copacabana Palace e ao Glória. Aí minha mãe passou a ganhar mais que o meu pai. Ela que ganhava 8 mil passou [logo em 1955] a 80 mil cruzeiros mensais, uma fortuna para a época.[24]

As fronteiras do país em menos de seis meses já pareciam pequenas para ela. Em 16 de agosto já embarcava para Montevidéu, a fim de atuar por duas semanas na Rádio Carve e boates uruguaias, num

---

24 Entrevista de Álvaro Augusto ao autor em novembro de 2012.

circuito percorrido por vários dos grandes astros e estrelas da música popular brasileira desse tempo. Antes, porém, cantou na Rádio Tupi carioca, obtendo elogios fulgurantes do Ouvinte Desconhecido, exigente crítico do jornal *O Globo* que, no entanto, como o nome apregoava, não revelava sua verdadeira identidade ao público nem aos artistas:

> Notável – Coisa boa, coisa excelente de se ouvir são os programas de Leny Eversong que a Rádio Tupi apresenta nas noites de segunda-feira. Ainda nesta semana ouvimos pela esplêndida cantora "Lamento tupi" e "Portão antigo"[25], cantados com grande arte, e "Jealousy", apresentado de maneira arrebatadora. Leny Eversong faz a gente perdoar uma porção de pecados que o rádio tem.[26]

Em Montevidéu, o impacto de sua voz, tal como aqui, foi avassalador. Aflita pela frieza inicial do público, ela foi ganhando a plateia a partir do terceiro número e acabou ovacionada. "Minha senhora, sua voz é uma linda forma de loucura", declarou o presidente da emissora uruguaia, explicando a ela a reação incomum dos espectadores em relação à sua apresentação.

O presidente da Rádio Carve contou-me que não é hábito dos assistentes dos programas daquela rádio aplaudir tão freneticamente uma artista. Que eles até gostariam que o público fosse mais exuberante em seus aplausos, mas um fato qualquer que eles não atinaram ainda faz com que os frequentadores procedam como se estivessem numa sala de concertos clássicos. E finalizou de forma muito engraçada mirando todo o meu tamanho, humildes cento e poucos quilos: *"Pero usted, señora, fué un barco rompe-hielo"* (o castelhano é que deve estar brabo!). Outro fato que me deixou muito envaidecida foi a expressão de uma senhora:

---

25 "Lamento tupi" é uma composição de Leny com Maria Sylvia, de inspiração nos batuques de terreiro, que ela lançaria em questão de dias num LP, e "Portão antigo" foi um presente de Antonio Maria, um samba-canção lançado por ela um mês antes, em julho, num disco de 78 rpm, ambos pela Copacabana Discos.

26 *O Globo*, coluna Nós, os Ouvintes, 18 ago. 1955, 2ª Seção, p. 3.

"Agora já sei mais coisas a respeito do Brasil. É um país que tem café e Leny Eversong!".[27]

Ainda no mês de agosto, Leny foi enfocada numa bela matéria na revista mais prestigiada da época, *O Cruzeiro*, "Duas horas com Leny Eversong: a voz que tem 'plus x' na criatura mais feliz do mundo", em que o repórter J. A. Gueiros a descreve assim...

Feliz, contratada e bem falante, ela se mostrou uma original *vedette* logo aos primeiros minutos de conversa. Não disse "eu sou isso, eu gosto daquilo, eu faço aquilo outro". Falou de música, em todos os gêneros. Cantou e revelou-se "Eversong". A sua voz não é apenas melodiosa e pura. Tem aquilo que os americanos chamam de "Plus X", ou seja, uma qualidade nova, original, imponderável que a distingue imediatamente das outras. Leny canta qualquer gênero de música, e ao fazê-lo dá tanto de si na interpretação que os ouvintes não podem deixar de admirar, na sua bela figura gorda (sem complexos), a centelha do talento. Quando indagamos do seu contrato com as Emissoras Associadas, respondeu-nos sem falsa modéstia: "Achava pouco um microfone só. Tenho ganas de espalhar minha voz a todo o país e gosto que vejam também a minha cara satisfeita (porque sou feliz cantando). A única maneira de realizar este desejo é participar da imensa cadeia 'Associada' com vinte estações de rádio e duas televisões, distribuindo música por aí afora". Não deixei Leny falar muito. Ela é inteligente e sabe o que diz, mas no momento eu estava interessado em ouvir o colosso da voz, na interpretação de "Canta Brasil". Ela cantou, e eu me convenci de que estava diante de uma verdadeira artista.[28]

Logo a seguir, a Copacabana lançou *A voz de Leny Eversong*, um LP de 10 polegadas, de tamanho médio, contendo no máximo quatro faixas de cada lado, que dividia com os 78 rotações (ainda bem mais populares)

---

27 "Uma voz 'quebra gelo' no auditório da Rádio Carve de Montevidéu!", *Diário da Noite*, 31 ago. 1955, 2ª Seção, p. 9.

28 J. A. Gueiros, "Duas horas com Leny Eversong: a voz que tem 'plus x' na criatura mais feliz do mundo", *O Cruzeiro*, 20 ago. 1955, p. 66-h.

a preferência do "público discófilo", para usar um termo da época. Finalmente, após 11 discos de 78 rotações nada expressivos nessa gravadora, sua voz foi bem registrada e se podia ouvir toda a sua portentosa extensão vocal com repertório e arranjos adequados.

Nesse disco, ela se notabilizou por duas gravações. Uma foi a americana "Jezebel", regravação do *hit* de Frankie Lane (que ela também já havia gravado em 1952, sem repercussão nacional), sobre um sujeito apaixonado por uma sedutora sem escrúpulos que dá nome à canção, que o senso comum tratou de eternizar, com base na personagem bíblica homônima. O sucesso da canção chegou à Europa, a ponto de ganhar uma versão em francês de Charles Aznavour, gravada pelo próprio e pelo mito da canção francesa, Edith Piaf. A outra música que Leny consagrou surfava na moda da música latina, também em alta no mercado internacional: era o "Canto afro-cubano", um *medley* trazendo "El cumbanchero" (Rafael Hernández), que desde 1940 vinha sendo registrada por grandes intérpretes, orquestras de baile e até pelo pianista Liberace, e "Tierra va tembla" (Mariano Mercerón), canção de contornos místicos, gravada nos Estados Unidos, entre outros, pela exótica Eartha Kitt.

Em ambas as faixas, pela primeira vez se podia ouvir com clareza em disco sua voz entoar das notas graves, masculinas, às mais agudas, as quais Leny era capaz de prolongar por muito tempo num único fôlego, mesmo as vogais fechadas como "e", "i" e "u", mais difíceis que as abertas. A propósito, Lana Bittencourt, também especialista em cantar em vários idiomas a ponto de ter ganho do apresentador César Ladeira o epíteto de "A internacional", e de vozeirão educado como a colega, já que ambas, muito jovens, estudaram canto, endossa que, de fato, tratava-se de um fenômeno vocal incomum. "Ela tinha uma voz rara porque praticamente atingia as quatro escalas musicais – ia de *mezzo* soprano até a voz masculina de barítono. Pode reparar que, quando ela canta 'Jezebel', ela prolonga as notas como se fosse um barítono."[29]

Só por essas faixas ficava claro que o problema de Leny até então não era apenas o repertório, mas o modo de gravar a sua voz. Os cantores

---

29 Entrevista de Lana Bittencourt ao autor em agosto de 2000.

1955: tarde de autógrafos de seu primeiro LP, ainda no formato 10 polegadas.

de rádio que ostentavam muito volume vocal sofreram um bocado até que as gravadoras soubessem a maneira exata de registrar suas vozes. Vicente Celestino, que como Leny tinha um canto próximo ao operístico, relatou em seu depoimento para a posteridade no Museu da Imagem e do Som (MIS-RJ) como foi dura sua transição do processo mecânico de gravação para o eletromagnético a partir de 1927. Leny, mais de um quarto de século depois, padeceu de algo parecido. Ela parecia mal dirigida e suas gravações nos discos de 78 rpm até então pareciam abafar e limitar o colorido de sua extensão vocal. Mas, com a produção desse *long play*, essa etapa finalmente foi superada.

Havia também nesse seu primeiro LP alguns dos mais célebres exemplares do gênero samba-exaltação, criado no fim dos anos 1930 e início dos 1940, como "Na Baixa do Sapateiro", de Ary Barroso, de 1938, e um *medley* com "Aquarela do Brasil", também de Ary; "Brasil", de Benedito Lacerda e Aldo Cabral, ambas de 1939; e "Canta Brasil", de Alcyr Pires Vermelho e David Nasser, de 1941. Todas arranjadas, assim como as duas faixas internacionais citadas, pelo maestro Lindolpho Gaya, que brilharia nos discos de MPB das décadas seguintes. Por fim, números de inspiração folclórica e exótica, como "Lamento tupi" (da própria Leny com Maria Sylvia), "Mãe do ouro" (Zé do Norte) e "Otinderê" (Leyde Olivé) ganharam arranjos de Guerra-Peixe, que remetiam menos ao repertório de Inezita Barroso – sua contemporânea e grande especialista no gênero – e mais ao estilo exótico da referida cantora peruana Yma Sumac, que entoava temas supostamente indígenas, arranjados por seu marido, o maestro Moisés Vivanco, que viraram, como já foi dito, uma febre no mundo inteiro nesse tempo.

O LP obteve excelentes críticas, a começar por Claribalte Passos, no *Correio da Manhã*, que por duas vezes referiu-se ao disco e à própria cantora elogiosamente: "Leny Eversong, hoje em dia talvez o nome mais caro no rádio carioca, apresenta seu LP"[30].

> Ela demonstra sua excepcional beleza de timbre. Nas notas agudas, especialmente, a amplitude de extensão é algo maravilhoso. Portanto, artística e vocalmente, a cantora dá aqui verdadeira aula. [...] É um disco, na verdade, que não deve faltar nas boas coleções dos aficionados do mais longínquo recanto do país.[31]

Ary Vasconcelos, na revista *O Cruzeiro*, deu cotação quatro estrelas (muito bom) ao disco: "Neste LP, a voz está *au grand complet*, não faltando nem a surdina *growl* que ela aplica à sua garganta transformada em pistão em 'Jezebel'. [...] Vocalmente, Leny está arrasadora. Não há muralhas de Jericó que resistam".

Em outubro, a intérprete lançou um 78 rpm, com "Nego bola sete" (uma espécie de toada de maracatu) e "Mamãe Yemanjá" (com "fragmentos de pontos de macumba"), novamente com arranjos de Guerra-Peixe, mas sem qualquer repercussão. Esta última, entretanto, ganhou quatro

---

30 *Correio da Manhã*, coluna Música Popular, 28 ago. 1955, 5º Caderno, p. 7.
31 Claribalte Passos, *Correio da Manhã*, coluna Discoteca, 4 dez. 1955, 5º Caderno, p. 8.

estrelas do mesmo especialista na revista *O Cruzeiro*, enquanto Sylvio Tullio Cardoso, de *O Globo*, destacou entre os melhores do ano seu 78 rpm com "Portão antigo". Finalmente, na revista *Clube dos Ritmos*, o articulista (não identificado) disse que Leny "é uma cantora que faz gosto. Trata-se da maior voz radiofônica de todos os tempos à espera, é claro, de tempo para se projetar mais e consolidar o cartaz que merece". Vale observar que era um tempo em que os críticos eram extremamente rigorosos, e mesmo que, vez por outra, fossem autoritários ou arbitrários, dado o imaginário da época, era algo bem diferente da condescendência observada nas duas primeiras décadas do século XXI, quando a crítica musical perdeu bastante a relevância, dando vez aos *influencers* bajuladores e aos fãs sem critérios das redes sociais.

Até janeiro de 1956, Leny viajou a Fortaleza, apresentando-se na Ceará Rádio Clube, comemorando o nono aniversário da emissora. A seguir, participou da inauguração da TV Itacolomi, em Belo Horizonte, e de audições na Rádio Tamandaré e na Rádio Clube de Pernambuco no programa *Alegria do Recife*. No Sul, esteve em Porto Alegre cantando na Rádio Farroupilha e em duas récitas no Teatro São Pedro. No norte, prestigiou o programa de aniversário da Rádio Marajoara, em Belém do Pará, onde, pela primeira vez, o público aplaudiu de pé uma cantora popular, gritando avidamente por seu nome. De volta à Cidade Maravilhosa, tomou parte brevemente no show *O samba nasce no coração*, apresentado na requintada boate Casablanca, na Urca. Encerrou o ano com o colunista Jurandir Chamusca do *Diário da Noite* elegendo-a Melhor Cantora de 1955, e começou o ano seguinte com o pé direito, ganhando mais uma vez, agora com pompa e circunstância, o Troféu Roquette Pinto, como Melhor Cantora de Música Popular Internacional do ano anterior, por sua atuação na TV Tupi de São Paulo. A única coisa que não deu certo foi sua nova tentativa de gravar para o Carnaval. Seus dois 78 rpm do gênero passaram em branco. Finalmente se convenceu de que tais sambas e marchas nada tinham a ver com seu estilo vocal.

Em maio, Leny participou do programa *Discos Impossíveis*, que o apresentador Flávio Cavalcanti, antes de chegar a ser um ícone da TV, mantinha aos domingos à noite na Rádio Nacional. A ideia era mostrar artistas cantando músicas que jamais haviam gravado. Pois a cantora

Em 1955, enfim consagrada.

mostrou-se versátil em sambas de Ataulfo Alves, como "Pois é", um dos grandes sucessos de 1956, e, de Sinhô, o ancestral amaxixado "Gosto que me enrosco", de 1928. Ao mesmo tempo evidenciou a diferença dos sambas-canção que dominavam as paradas naquela década de 1950, cantando "Ninguém me ama", "Molambo" e "Nunca", que, a seu ver, eram mais boleros que sambas: "Não é feio, absolutamente. Mas não é samba. É sambolero". Ela gostou tanto da experiência de interpretar este último que o gravaria no LP *Leny em foco*, que a Copacabana lançaria no ano seguinte. Ao ser indagada sobre o fato de regravar "Jezebel", uma faixa que a gravadora, segundo ela, não achava "comercial" por ser em inglês, ela foi certeira: "Não há música comercial ou não comercial. Isso é bobagem. Há a música que o povo gosta de ouvir e a que o povo gosta de cantar".

Não bastassem as apresentações pelos estados, seu programa na TV Tupi do Rio às segundas-feiras era sempre muito elogiado pelos cronistas. Em julho, por exemplo, o crítico da *Revista do Rádio* descrevia mais uma vez com eloquência o tipo de voz e performance de Leny – algo que se tornaria recorrente em toda sua carreira.

> Sem orquestra, com apenas um piano para acompanhá-la, ainda assim, que riqueza, que *musicabilidade*, que contagiante comunicabilidade consegue ela em cada número que interpreta! Porque Leny se desdobra, cresce, toma conta do vídeo, irradia simpatia, cria cada uma das canções que interpreta e recria velhas canções, descobrindo nelas um filão sonoro que até então nunca imagináramos possível. Seus gestos são pequenos e adivinham a música. Por assim dizer antecipam o que com sons ela irá contar. E suas interpretações desde "Portão antigo" até "Love Is a Many Splendored Thing" são qualquer coisa de inesquecível. Excelente direção de TV, com enquadramentos certos e iluminação feliz. Um bom programa musical, talvez dos melhores do Canal 6.[32]

Em setembro de 1956, nova consagração, dessa vez inaugurando o novo transmissor da Rádio Sociedade, em Juiz de Fora, a mais antiga até então do estado de Minas. Seu programa na Tupi do Rio agora passava às terças, tendo o patrocínio da champanhe Michelon. Tudo isso porque, devido ao sucesso, a direção das Associadas resolveu programá-la em três dias diferentes para que ela pudesse ficar um dia a mais na cidade, realizando gravações e audições especiais em shows e festas. Essa mudança de Leny para o Rio de Janeiro foi fundamental para catapultar a sua carreira. Nesse tempo, à exceção de Isaurinha Garcia e, de certa forma, do grupo Demônios da Garoa, nenhum artista conseguiu estourar nacionalmente morando em São Paulo ou em qualquer outro estado da federação. O centro político e cultural do Brasil era mesmo o Rio. E dali sua cultura passava a ser irradiada em ondas curtas de suas principais emissoras radiofônicas para o resto do país e até para o mundo.

---

32 *Revista do Rádio*, n. 357, 14 jul. 1956, p. 14.

A única frustração de Leny nesse tempo foi que ela perdeu a oportunidade de gravar um futuro clássico da canção romântica brasileira em primeira mão, composto pelo iniciante Tito Madi.

Era colega dela na Rádio Tupi do Rio e o diretor da emissora, J. Antônio D'Ávila, fez uma reunião conosco no Morro da Viúva para escolher músicas para seu repertório, e ele escolheu justamente "Chove lá fora". Mas pouco depois ela viajou. Quando a reencontrei num programa da TV Excelsior, e eu estava ensaiando esta música, pois já era sucesso, nem lembrava mais que a havia lhe mostrado em primeira mão. E ela me disse: "Toda vez que ouço essa música eu quase morro de tristeza". E eu respondi: "Mas, vem cá, você não chegou a cantá-la num programa do maestro Carioca na Tupi?". Ela disse: "Sim, mas não gravei porque o diretor da Copacabana Discos disse que não era boa".[33]

Os convites não cessavam. Em junho de 1956, Leny participou de uma "chanchada", chamada assim pejorativamente pela imprensa por apresentar um humor bem popular e produção por vezes precária, se comparada aos filmes estrangeiros do período. O filme era *Cangerê*, de Victor Diniz Neto, no qual cantava o pouco expressivo samba "Ritmo do coração" (Aires Viana, Edel Ney). Na mesma época, estreou na boate Meia-Noite, do Copacabana Palace, que se manteve sozinha no pódio de mais chique do Rio após o incêndio do Vogue, para uma temporada de duas semanas. Fato é que em paralelo a tamanha saraivada de elogios e de notícias que apontavam para dentro em breve um futuro internacional para ela, Leny, embora sem complexos por ser gorda, era exposta sempre pela imprensa também por esse viés. Uma grande obsessão que, aos olhos de hoje, chega às raias do mau gosto, como veremos na parte final deste trabalho. Por ora, podemos nos ater apenas a um exemplo emblemático.

Leny, em 1956, na *Radiolândia*, fazendo o jogo nada sutil da imprensa de seu tempo.

33 Entrevista de Tito Madi ao autor em agosto de 2000.

A MAIOR PROPOSTA FEITA A UM ARTISTA BRASILEIRO!
LENY EVERSONG RECEBERÁ A IMPORTÂNCIA DE

250.000 DOLARES PARA ATUAR NOS ESTADOS UNIDOS!

A cantora atuará em teatros, shows, boites, televisão, clubes, rádios, dará concertos e gravará discos -- Contrato de exclusividade por cinco anos -- Talvez estenda sua excursão pelo mundo inteiro -- Por motivo de doença, Leny recusou um contrato de 800 mil cruzeiros para trabalhar na Argentina

Texto de PAULO SIQUEIRA

Fotos de nossa equipe

Ektachromes de PAULO MUNIZ

Quinze anos de ostracismo marcam o início de sua carreira. Quinze anos, durante os quais Leny Eversong batalhou, lutou com tôdas as suas fôrças, para vencer no rádio. E o rádio, o público, seus amigos, nenhum dêles lhe deu alegrias durante êsses quinze anos. Quinze anos de lutas, de sacrifícios, de renúncia, apenas acontecidos por que uma pessoa acreditava no seu sucesso. Uma só pessoa que acreditava na vitória, que deveria vir mais cedo ou mais tarde. E essa pessoa era a própria Leny Eversong. Alguma coisa sua, íntima, lhe dizia para não desistir, para continuar. E Leny continuou. Lutou, lutou durante 15 longos anos, e venceu. E venceu aqui no Rio, depois de, inutilmente, buscar a vitória em São Paulo, pois São Paulo, sua terra natal — Leny nasceu em Santos — recusava-lhe abrir as portas do sucesso.
Cansada de lutar em São Paulo, resolveu Leny vir tentar, mais uma vêz, pois aqui já estivera anteriormente, a

A balança tremeu quando Leny se aproximou... Se tivesse pernas ou rodas, teria corrido!

Cartas dos fans Seu número aumenta sempre.

CONTINUA NAS PÁGS. SEGUINTES

Do longo anonimato ao estrelato 55

Em 30 de junho de 1956, a revista *Radiolândia*, rival da pioneira *Revista do Rádio*, ostentava a gloriosa manchete "250.000 dólares para atuar nos Estados Unidos – A maior proposta a um artista brasileiro!". Talvez para dar "peso" a notícia tão alvissareira, não hesitou em ilustrar a reportagem com Leny posando sobre uma balança de uma farmácia, onde todos podiam aferir seus quilogramas. O mais incrível é que não era a primeira vez. Essa foto já havia sido publicada no ano anterior. Três meses depois que ela foi redescoberta na Rádio Mundial, ou seja, em junho de 1955, a mesma publicação já havia feito uma matéria toda em função do assunto. Seu filho Álvaro diz que ela até se divertia um pouco com essa questão da gordura, mas não de todo. "Ela era gorda, mas vaidosa. Em casa, havia uma tentativa de regime toda segunda-feira."[34] Os amigos atestam que Leny gostava muito de comer e ficava mal-humorada quando estava com fome. Nos restaurantes, sentava-se e logo tirava os sapatos, como que para ficar mais à vontade. *Spaghetti al pesto* com soda limonada era uma das refeições das quais ela mais gostava.

34 Entrevista de Álvaro Augusto ao autor em novembro de 2012.

O triunfo nos Estados Unidos

Leny podia não ser a cantora mais popular do país, como Emilinha Borba, Angela Maria ou Marlene, que levavam os auditórios ao delírio e estampavam semanalmente a capa de centenas de publicações, porém, além de ser um verdadeiro prodígio vocal, o fato de ter se celebrizado por cantar em vários idiomas, sobretudo em inglês, já fazia dela uma potencial aposta para romper as fronteiras do país. Conforme antecipou a *Radiolândia*, no final de 1956, ocorreu efetivamente o primeiro convite para que ela se apresentasse nos Estados Unidos. Incentivada pelo dono da cadeia de emissoras da qual era contratada, Assis Chateaubriand, foi convidada a cantar na noite brasileira do Waldorf Astoria em Nova York, um hotel de luxo onde havia um belo e grande espaço para shows. Era um evento anual de caridade, o Knickerbocker-Ball, do Cholly Knickerbocker – pseudônimo usado por uma série de colunistas sociais de Manhattan, como Gigi Cassini, que naquele fim de ano de 1956 transformou-o em festa brasileira.

Foi o barão von Stucker, ex-proprietário do Vogue, que convenceu os promotores do clube a transformarem essa noite beneficente em "Uma noite no Rio", e o presidente da companhia aérea Varig a patrocinar a ida de 36 artistas e dezenas de convidados a esse evento. E tudo isso incentivado por Chateaubriand, um homem cuja ambição não tinha limites. Segundo o embaixador do país nos Estados Unidos, Amaral Peixoto, a execução dessa festa se transformou no "maior acontecimento para propaganda do Brasil nos últimos tempos nos Estados Unidos", sendo prestigiado, entre outros, pelo *playboy* de trânsito internacional Jorge Guinle, a cantora lírica brasileira radicada em Nova York Bidu Sayão e o ator Kirk Douglas.

O imenso salão abrigou cerca de mil pessoas para ver o show dirigido pelo produtor Carlos Machado, famoso por suas produções suntuosas em boates, na linha do teatro de revista, sem esquecer o verde e amarelo da bandeira brasileira no cenário. O show exibiu vários números de dança com as Irmãs Marinho e o passista Lord Chevalier (dançando "Brasil moreno", de Ary Barroso e Luiz Peixoto, e "Mulata assanhada", de Ataulfo Alves), o pandeirista Eliseu, Jonas Moura (este, um ás do frevo), um conjunto de "*girls*" brasileiras, além de oito jovens da alta sociedade local vestidas de baianas – todos ao som de uma grande orquestra. Isso foi ideia do diretor Carlos Machado, que escolheu alguns de seus esquetes mais famosos e os adaptou para a festa americana. À parte do show de revista, atuaram apenas duas cantoras: Marlene, uma das mais performáticas daquele tempo, e, claro, Leny. O colunista social Jacinto de Thormes foi taxativo no *Diário da Noite*: "A grande Leny cantou como nunca o seu 'Jezebel'. A assistência não lhe regateou aplausos, que com sua voz, a todo volume, fez ondear as bandeiras brasileiras penduradas no teto. Leny atuou depois do show". O atuar "depois do show" significa que havia uma porção de "olheiros" nessa festa que lhe fizeram novos convites que mudariam a sua vida a partir de então.

UMA NOITE... CONTINUAÇÃO

Um "show" brasileiro emociona o exigente público de New York

LENY EVERSONG, também aplaudidíssima na interpretação de "Jezebel".

Os americanos — sobretudo os de New York — são gente completamente "blazé" em matéria de "show business". Já viram tudo, já aplaudiram tudo, já vaiaram tudo o que o mundo pode oferecer em espetáculo de variedade.

Pois êsses americanos cansados, sofisticados, superemocionados, levantaram-se de suas cadeiras, no salão de baile do Waldorf Astoria, para aplaudir, delirantemente, o "show" brasileiro que o esteta Carlos Machado organizou e levou, em avião da Varig, do Rio para New York. Êste espetáculo foi a contribuição da nossa TV TUPI ao majestoso Baile do Knikerbocker.

O primeiro triunfo de Leny nos EUA, detalhado na revista *O Cruzeiro*, em dezembro de 1956.

O triunfo nos Estados Unidos 61

Curioso é pensar que por pouco Leny não cantou nesse evento. Segundo Álvaro, o próprio Carlos Machado não a queria lá. "Ela era a artista máxima da Tupi na época e o Chateaubriand tinha interesse que ela fosse. Quando chegamos lá, não havia ninguém para nos informar nada. Havia de fato um boicote." Passado o episódio, a cantora escancarou tudo nas páginas da *Radiolândia*, declarando que antes da sua partida até obter as passagens, houve de fato uma pesada pressão para que fosse alijada da delegação. Chegando finalmente a Nova York, explicou que a deixaram sozinha em seu hotel. "Ninguém sabia nada acerca do show, nem dos ensaios. O que percebi imediatamente é que me queriam pôr na geladeira. E quando sinto que alguém quer me passar a rasteira, imediatamente eu me aprumo e viro uma fera...", disse ela. Então o marido, já em cima da hora do espetáculo, conseguiu contatar Chateaubriand e o mesmo ordenou que ela cantasse no show ou toda a sua comitiva se retiraria do baile.

Chegando ao local sem saber o que iria cantar, a festa já havia começado. Ela havia levado consigo as orquestrações de "Oxalá", "Canta Brasil" e diversos números com motivos afro-religiosos, porém executá-los com a orquestra e os ritmistas norte-americanos sem qualquer ensaio seria impossível. Foi aí que teve a ideia de cantar "Jezebel". Mandou às pressas buscar em seu hotel as partituras da canção e, por meio de gestos, pois não falava inglês, explicou ao regente como costumava cantá-la. "A orquestra entrou diretamente na música, quase não me dando tempo de nada. Abri a goela e cantei como uma máquina. Agarrei-me comigo e com Deus", revelou Leny. Como admitiria anos depois, naquela noite cantou com tanta raiva que o resultado veio a galope. Logo, todos no Brasil saberiam da bomba que estava prestes a estourar. Inclusive seu diretor na Tupi, J. Antônio D'Ávila, que teve de lhe conceder uma pequena licença para que permanecesse por mais algumas semanas em solo norte-americano, pois as ofertas de trabalho por lá começaram a se suceder aos borbotões.

Por causa dessa pequena apresentação no Waldorf Astoria, Leny foi disputada por várias gravadoras americanas – Capitol, Dot e Coral –, sendo que a última, por ter um convênio com a sua gravadora no Brasil, a Copacabana, comprou seu passe nos lançamentos internacionais, a fim de que gravasse logo seu primeiro LP dirigido ao mercado norte-americano, o que se deu entre os dias 3 e 10 de janeiro de 1957. O álbum *Introducing Leny Eversong* contou com uma orquestra de cordas de sessenta figuras (sendo vinte violinos) e arranjos de Neal Hefti, um dos quatro maiores maestros em voga na ocasião, que gravava, entre outros, com Frank Sinatra. Também foram postos à venda quatro faixas em 78 rotações e três *extended plays* (compactos duplos) da cantora com parte desse novo repertório.

Ela também assinou por três anos com a Music Corporation of America que a representou por algum tempo para todos os Estados Unidos e Canadá – a mesma que tinha em seu *cast* Elvis Presley, Sinatra, Perry Como etc. A cereja do bolo é que, durante aquele mês de janeiro de 1957, ela também foi convidada a cantar no programa de TV *Ed Sullivan Show*, da CBS, o mais popular do país naquele tempo, no qual só se apresentavam grandes astros e estrelas de fama internacional, transmitido *coast to coast*, em cadeia por todos os estados norte-americanos e Canadá, com uma audiência arrasadora. Basta dizer que foi o programa que consagraria o início da beatlemania nos Estados Unidos dali a sete anos. Talvez Carlos Machado tenha mudado de ideia ao ver a repercussão que a cantora teve após o show que ajudou a organizar, como relatou em sua coluna "O Rio Antes e Depois da Meia-Noite", no *Diário da Noite* (RJ).

> Assisti a Leny Eversong cantar na festa brasileira do Waldorf Starlight Roof duma mesa em companhia de Eddie Elkort, presidente do General Artists Corporation e de Mark Leads, "book agent" dos programas de Ed Sullivan. Após o show, ambos não escondiam o entusiasmo pela voz e personalidade de Leny Eversong, tendo Mark Leads declarado: "What a voice! She could be sensational here! She's a show-woman!"[35]. Por isso não foi surpresa para mim ao saber que Leny Eversong havia sido incluída entre as grandes atrações do mais famoso programa de televisão dos Estados Unidos. Mark Leads é um dos homens mais poderosos do *show business* americano.[36]

35 "Que voz! Ela pode triunfar aqui! É uma *show-woman*!" (em tradução livre).
36 Carlos Machado, *Diário da Noite*, 14 jan. 1957, 1ª Seção, p. 8.

"The sensational woman of Brazil", como foi anunciada certa vez, Leny causou tanto impacto nos produtores do *Ed Sullivan Show* que eles arrumaram uma brecha para encaixá-la. É que tudo ali era feito com muita antecedência. Os programas eram organizados seis meses antes de irem ao ar, com os ingressos postos à venda. De forma que, para Leny estrear em seu programa, Ed Sullivan teve que introduzir nele algumas modificações, inclusive romper uma tradição: apresentou-se no programa não com um número, como a maioria dos que ali atuavam, mas dois – "Jezebel" e o *medley* "Canto afro-cubano" com "El cumbanchero" e "Tierra va tembla".

Como se não bastasse, Leny teve a sorte de ser escalada justamente na edição do dia 6 de janeiro de 1957, quando se deu a despedida de Elvis Presley, que deixaria temporariamente suas atividades no rádio e na TV para servir o Exército. A expectativa era das maiores, pois, naquele mesmo programa, em setembro do ano anterior, o cantor havia causado enorme polêmica ao dançar freneticamente, sendo censurado pelo diretor, que gritou para os câmeras enfocarem-no apenas da cintura para cima, pois a sociedade americana não estaria preparada para tamanho *sex-appeal* de seus quadris, criando o mito "Elvis, The Pelvis". Resultado: a audiência foi novamente maciça. Estima-se que esse programa tenha sido visto por 80 milhões de telespectadores. "Leny começa assim onde os outros aspiram chegar", dizia uma matéria no *Jornal do Brasil*.

A crítica especializada logo tratou de compará-la a Carmen Miranda, com seu mesmo *slogan*, "The Bombshell", e igualmente à veterana cantora Sophie Tucker em estilo e físico. No dia seguinte, Leny já era reconhecida pelo florista próximo ao seu hotel e as pessoas já a apontavam na rua. Cauby Peixoto, que, como foi dito, estava nos Estados Unidos nesse período, testemunhou seu êxito: "O Ed Sullivan lhe disse que ela era a maior voz do mundo, que se ela ficasse por lá seria a maior cantora da América, melhor que Sophie Tucker. Ela fez sucesso mesmo! Uma voz única. Seria outra Carmen Miranda, até porque, cá pra nós, cantava muito mais que a Carmen"[37].

---

37 Entrevista de Cauby Peixoto ao autor em agosto de 2000.

A cantora regressou brevemente ao Brasil no final de janeiro para se organizar e levar uma bagagem maior para seu retorno aos Estados Unidos. Estava animada com a gravação do disco, dizendo que ganhou "1.200 dólares por este *long play*" – à época, uma soma para lá de expressiva. "Pelo meu contrato as gravações brasileiras são vendidas apenas no Brasil. A Coral é quem exporta minhas gravações para o mundo inteiro", disse ao *Diário da Noite*. Mulher de origem humilde, revelou a Ary Vasconcelos, na revista *O Cruzeiro*, que teve um pequeno choque cultural com a sociedade norte-americana: "Fiquei impressionada com o cartaz que na 'América' têm as mulheres, as crianças e os cachorros. Os homens estão lá pelo 13º lugar", divertia-se.

A repercussão do sucesso americano da cantora no Brasil foi imediata. A TV Tupi passou a escalá-la como diva "libertada inteiramente dos vexames a que era submetida antigamente de ter de agachar-se penosamente para sortear cartinhas de concorrentes aos prêmios oferecidos pelos patrocinadores dos seus programas", como bem notou o Ouvinte Desconhecido, no jornal *O Globo*. Logo a seguir, ganhou pela terceira vez um Roquette Pinto, dessa vez como Melhor Cantora de Televisão em 1956. Teve também a satisfação de receber o Troféu (do programa) Walita Especial no Canal 3, Tupi, em São Paulo, em que J. Silvestre era um dos animadores, também entre os "melhores do ano".

Logo a seguir, ofereceu um coquetel à imprensa para promover seu LP, trazendo diversos *standards* da canção norte-americana em interpretações impressionantemente pessoais (para quem não falava a língua inglesa) – "Summertime", "Jealousy", "Tenderly", "St. Louis Blues", "Autumn Concerto", "I Can't Give You Anything but Love", entre outras – e regravações de seus dois maiores sucessos até então, "Jezebel" e o "Canto afro-cubano". Em pouco tempo, era o quinto álbum mais vendido da Coral nos Estados Unidos. É bem verdade que "I Can't Give..." e "Jealousy" Leny já havia gravado também no Brasil anteriormente, porém sem maior repercussão.

No dia 21 de fevereiro de 1957, após um concorrido embarque no Galeão, do Rio de Janeiro, com fãs até de São Paulo que foram abraçá-la, Leny já estava de volta aos Estados Unidos num Constellation da Pan American, para uma temporada de três meses em rádio e TV.

Leny ("uma estrela brasileira") foi um dos destaques do programa *Ed Sullivan Show*, da TV CBS, de 6 janeiro de 1957, mesma noite em que o apresentador recebeu o jovem astro Elvis Presley.

Na foto, Leny se diverte fingindo um "soquinho" em Elvis.

Mas não era só. No dia 28, ela estreava também sua primeira temporada num grande cassino de Las Vegas, o do Thunderbird Hotel, no espetáculo *International Revue*, com direito a seu nome estampado num gigantesco letreiro. Nesse momento, o colunista social Jacinto de Thormes, no *Diário da Noite*, publicava uma carta aberta comovente à cantora, que deixa claro outro problema que Leny enfrentaria muito, além do citado preconceito pelo porte físico e do despeito e inveja de muitos intelectuais, jornalistas e artistas: o "nacionalismo" da *intelligentsia* nativa.

Outdoor da primeira temporada da cantora em Las Vegas, em 1957.

Nota para Leny Eversong ler com calma – Minha caríssima Leny. Outro dia, quando você me mostrou aqueles telegramas de NY, Las Vegas, Londres etc., eu disse que você deveria aceitar a melhor proposta e sem perder contato com a Tupi (que representa pra você o seu público brasileiro) ao aventurar-se a uma parada internacional. Ontem à noite, na casa do senhor Kurt Weill, ouvi as provas das suas gravações norte-americanas e quero publicamente pedir desculpas se usei a palavra "aventurar". Agora, depois de ouvir essas maravilhosas gravações, compreendo facilmente que nem a América, nem a Europa chegarão a ser aventuras para você.

Leny, entendo o seu medo. Afinal de contas você vai cantar numa língua que (por incrível que pareça) você não fala e mal entende. No entanto quero que você guarde isso que vou dizer: Leny Eversong nas mãos de um bom empresário será em dois ou três anos uma das cantoras mais divulgadas, famosas e queridas do mundo!!!

Outra coisa: você canta melhor música norte-americana do que brasileira. É um fenômeno curioso, inexplicável talvez, mas é real e visível. Não se importe se alguns bobocas escreverem nos jornais que você não é patriota, não é verde e amarelo porque canta em inglês. Se o seu forte é fox, faça sucesso com fox e depois que estiver lá em cima use de sua posição e fama para então trabalhar pela nossa música. Não se esqueça que aquilo que Carmen Miranda cantava e dançava em Hollywood foi muito criticado, chamado de "palhaçada" e tudo o mais. No entanto, devemos a ela a popularidade da música brasileira. Você pode vencer cantando "blues" para depois divulgar nossas canções e impor um repertório mais nacional.

Boa sorte, Leny! Bola pra frente, porque você é uma das maiores cantoras de blues do mundo. Pode repetir isso para quem quiser ouvir. Diga cantando, de preferência.[38]

Enquanto isso, em homenagem à cantora, foi hasteada a bandeira verde-amarela brasileira entre os pavimentos que ornamentavam a fachada do Thunderbird Hotel, onde Leny estava em temporada, e, no Rio de Janeiro, o comendador César Renato Bahar, diretor do departamento internacional da Copacabana Discos, figura influente na divulgação do mercado fonográfico da época, recebia o primeiro cartão-postal da cantora, no qual se via a imagem em colorido do local onde atuava:

Caro Bahar – Este é o hotel onde estou trabalhando e fazendo sucesso, graças a Deus. O meu nome figura em primeiro plano no anúncio luminoso, pois eu sou a estrela do espetáculo! Não é uma maravilha? Ser estrela num show de primeira em Las Vegas não é nada fácil! Abraços saudosos dos amigos – Leny e Ney.

---

38 Jacinto Thormes, *Diário da Noite*, 18 fev. 1957, 1ª Seção, p. 4.

Conforme relatava o Ouvinte Desconhecido em *O Globo*, "para manter aceso o interesse dos ouvintes cariocas *pela figura robusta (de corpo e de voz) da grande Leny Eversong* [grifo meu], a Rádio Tupi continua a apresentar às terças-feiras o programa que era por ela estrelado, usando os discos da cantora e narrando os seus sucessos no estrangeiro". Também deixou gravada uma participação na chanchada *Tem boi na linha*, de Aloísio T. de Carvalho, que estreou em abril, cantando o (obscuro) samba "Ritmo do coração" (Aires Viana, Edel Ney), tendo no elenco a vedete Wilza Carla, o comediante Zé Trindade e a atriz Zezé Macedo. Carlos Machado, mais uma vez, no *Diário da Noite*, defendia seu (talvez) ex-desafeto:

> Lá se foi Leny Eversong para os EE.UU. cumprir um contrato com a Music Corporation of America. Artistas, diretores e funcionários das Associadas proporcionaram-na um concorrido bota-fora. Enquanto isso acontece, outras vão ficando por aqui, impossibilitadas de viajar, com o peso das entrevistas cheias de vaidade e ingratidão.[39]

Em fins de abril, após terminar seu contrato com o Thunderbird, em Las Vegas, Leny viajou para Hollywood, não sem deixar saudades. "Minha temporada no Thunderbird terminou e a casa ficou muito satisfeita comigo pelo meu trabalho. Talvez volte no verão. Não aceitei a temporada do [Cassino] Reno, porque entre Reno e Hollywood não teria nem dois dias de descanso e eu não vim para cá para morrer", disse a cantora com sua irreverência e espontaneidade habituais em carta ao *Jornal do Brasil*. Leny desabafou:

> O trabalho aqui é duro, e se o artista não tiver períodos de descanso, arrebenta como aconteceu com Carmen Miranda. Poderia também pegar uma semana em San Francisco, mas deveria atuar em três shows por noite. No fim de uma semana precisaria silenciar no mínimo três meses se quisesse continuar a cantar mais alguns anos.[40]

---

39 Carlos Machado, *Diário da Noite*, 1 mar. 1957, 1ª Seção, p. 8.
40 *Jornal do Brasil*, coluna Discos, 21 abr. 1957, 2º Caderno, p. 11.

E fez as contas para explicar como funcionava o "capitalismo selvagem" americano:

Em um show canto de sete a oito números. Multiplicado por três daria 21 a 24 números por noite! Esta gente é louca! Não estou para encerrar a minha carreira! Por isso prefiro parar vinte dias, mas espero, no dia 30 de abril, fazer uma bonita estreia, se Deus e Nossa Senhora me ajudarem. E eu estou reservando forças para fazer bonito lá, na terra do cinema.[41]

E o que parecia impossível aconteceu. Leny estava simplesmente cantando na boate Mocambo, de Hollywood, à época considerada "o *night-club* mais elegante do mundo", sucedendo Frank Sinatra, que acabara de encerrar uma temporada no local. A cantora estava em boa companhia. Ibrahim Sued foi testemunha de que ela estava mesmo inserida ali, em meio à meca dos maiores expoentes da cultura midiática de então: "Confirmando um 'furo' desta coluna, posso informar a vocês que Leny Eversong estreou no famoso Mocambo de Hollywood na última quinta-feira com muito sucesso. O diplomata Raul Smandek, com seu par constante em Sunset Boulevard que é Ana Maria Alberghetti, compareceu". Já Rosina Pagã (cantora e atriz que nos anos 1930 formou uma dupla com a irmã Elvira, e na década seguinte radicou-se nos Estados Unidos), por carta, dizia a Antonio Maria, entre outras coisas, que Leny estava cantando no Mocambo, informação confirmada igualmente pelo violinista Fafá Lemos, também residente nos Estados Unidos, dos raros brasileiros a conseguir alguma notabilidade por lá, ao lado de Zezinho (Zé Carioca), Nestor Amaral (ex-Bando da Lua) e dos violonistas Laurindo de Almeida e Luiz Bonfá.

Para satisfazer os nacionalistas, Leny incluiu duas canções brasileiras, o tema folclórico "Mulher rendeira" e o samba "Maracangalha", de Dorival Caymmi, que Cauby Peixoto (assinando Coby Dijon, já que seu nome de batismo era impronunciável para os americanos) havia acabado de gravar por lá em compacto numa versão em inglês, rebatizada

41 *Ibidem.*

de "I Go" ("If I go to California, I go/ Or down to Copacabana, I go..."). A coluna "Bazar", de Marcos André, no jornal *O Globo*, trazia uma descrição perfeita do que foi a apresentação da cantora na ilustre boate do Sunset Boulevard.

Nesse momento as luzes se apagam... Volto à minha mesa e ouço uma voz poderosa no escuro que canta – Olé! Olé! É a "Mulher rendeira"! Um projetor ilumina a cabeça loura de Leny Eversong. Uma cara bonita e jovem. E que voz!

Toda gente aplaude, porque toda gente já a conhece. Soube que o Marajah de Baroda estava ali pela segunda vez para aplaudi-la e que na primeira noite ela tivera uma assistência brilhantíssima, começando pelo Marajah de Baroda, a Baronesa Crossetti e o Cônsul do Brasil, Raul de Smandek, com a estrela Ana Maria Alberghetti. Entre outras celebridades, também Helen e Spike Jones.

Leny Eversong, que lembra muito Kate Smith e Sophie Tucker, faz a sala vir abaixo com a sua poderosíssima voz. Canta "Jezebel", canta "Summertime", de Gershwin. Entre nós, se eu fosse Gershwin ou, por outra, o espírito de Gershwin, protestaria contra as inovações de Leny Eversong no "Summertime". Protestaria? Talvez não! Porque, apesar de introduzir várias modificações na famosa canção de "Porgy and Bess", Leny Eversong canta-a à maravilha. E os americanos a cobriram de aplausos. Depois vem a "Maracangalha". E outras e outras mais. Eu estou estupefato, e os meus amigos também, com a voz de Leny Eversong e com o seu tremendo êxito.

[...] Louella O. Parsons se entusiasmou com a brasileira e se espantou que, não falando inglês, cante num inglês tão perfeito, sem o menor sotaque... Também eu me espantei e cheguei mesmo a pensar que Leny Eversong tivesse tido lições de fonética com o Professor Henry Higgins de "My Fair Lady" ou por outra do "Pygmalion" de Bernard Shaw. O caso é que o êxito de Leny Eversong em Hollywood é autêntico, absolutamente autêntico. E, como sempre, é com imenso prazer que assinalo o sucesso de artistas brasileiros no estrangeiro.[42]

42 *O Globo*, coluna Bazar, 24 maio 1957, 2ª Seção, p. 1.

Cena do filme *Tem boi na linha* (1957), de Aloísio de Carvalho.

Mais uma vez as referências à sua forma física não poderiam ficar de fora ao colunista do *Correio da Manhã*, mesmo que elogiando a apresentação da cantora:

> Os americanos que não conheciam Leny Eversong chocaram-se com a sua gordura, quando ela entrou no palco do Mocambo. Mas dois minutos depois, como bem disse a conhecida jornalista Louella Parsons, o público havia esquecido a exuberância física de Leny e subjugava-se à sua voz e à simpatia do seu rosto de boneca.[43]

---

43 *Correio da Manhã*, coluna Rádio & TV, 26 maio 1957, 1º Caderno, p. 18.

Ele observou que numa mesa quase dentro da pista, o compositor Jimmy McHugh ouviu verdadeiramente encantado a interpretação de Leny para sua canção "I Can't Give You Anything but Love" e quando terminou o show ele foi aos bastidores presentear a cantora com uma música inédita, "I Found Myself a Guy", na qual escreveu: "À grande e meiguíssima Leny Eversong com admiração de Jimmy McHugh". "Muitas outras celebridades do mundo musical e cinematográfico foram cumprimentar a nossa patrícia e todos se surpreenderam quando descobriram que Leny não fala uma palavra de inglês", destacou. De fato, o ouvido da cantora era tão musical que ela cantava não apenas em inglês, mas em francês, italiano e espanhol perfeitos sem dominar os idiomas. "O mais engraçado é que eu tinha sotaque americano quando cantava [em inglês]. Nos Estados Unidos, os jornalistas ficavam admirados quando eu ia dar entrevistas e dizia que não sabia falar a língua. Para eles isso era uma artimanha", disse a cantora, anos depois, ao jornal *O Globo*.

Em junho, ainda repercutia no Brasil a temporada de Leny no Mocambo. A revista *O Cruzeiro* dizia que cantar ali era um teste decisivo para um intérprete. E que ela havia passado por ele com louvor, afinal, todas as noites astros e estrelas de cinema, maestros e compositores a aplaudiam com entusiasmo. E discorreu sobre os elogios que os sóbrios articulistas do *Hollywood Reporter* lhe concederam: "Comparamos Leny Eversong a Kate Smith apenas no peso, pois, em qualidade, a artista brasileira supera a nova-iorquina". Sabendo o que representava Kate Smith[44] para os norte-americanos naquela ocasião, era possível entender o tamanho do elogio. Também veio à baila mais uma vez o comentário que a famosa e temida Louella Parsons escreveu em sua cadeia de jornais no dia seguinte à sua estreia: "Quando Eversong canta, faz-nos esquecer a sua gordura. Tem um jeitinho de criança, um rosto lindo e uma voz poderosíssima".

Claro que as cobranças logo começavam por aqui. O mesmo Ibrahim Sued que a exaltara um mês antes, agora se ressentia de uma suposta falta de patriotismo da cantora.

---

44 Considerada Primeira-Dama do Rádio (norte-americano), Kate Smith (1907-1986) teve uma carreira de cinco décadas, também em gravações e televisão, celebrizando-se especialmente nos anos 1940, durante a Segunda Guerra Mundial. Seu maior sucesso foi "God Bless America", de Irving Berlin.

Em maio de 1957, a *Revista do Rádio* radiografava o *frisson* que Leny causou em sua passagem por Hollywood.

Leny Eversong, lamento muito dizer, não anda bem na sua excursão nos States. Quando o seu empresário lhe pede que cante músicas de Ary Barroso, Caymmi etc., ela se nega, alegando que não tem relações de amizade com os compositores. Se Leny fizesse isso no Rio, ainda se suportaria, mas no estrangeiro, é lamentável, sobretudo quando o Brasil precisa de uma boa divulgação. É uma atitude tão personalista que esta coluna, devidamente informada, não pode deixar de lamentar.[45]

Outro colunista, Chuck, da coluna "Quando os Gatos São Pardos" no *Correio da Manhã*, também repreendia a cantora, dizendo que ela

---

45 *O Globo*, coluna Reportagem Social, 13 jun. 1957, 1ª Seção, p. 4.

estava mais interessada em faturar na "América" cantando músicas de lá do que "defender as nossas".

De volta da América, quando de sua primeira visita, a cantora Leny Eversong insinuou numa entrevista pela televisão que não cantara músicas brasileiras na festa do Waldorf Astoria porque lhe haviam sido negados os ritmistas que haviam sido levados especialmente para a festa. Sabemos bem que isto não é verdade, pois Leny cantou às 23 horas e até às 24 ainda não havia permissão por parte do sindicato de músicos americanos para que os ritmistas tocassem. Tanto que o show só pôde começar com uma hora de atraso. No entanto, Leny deu esta desculpa. Mas que desculpa teria ela para não ter cantado músicas brasileiras no programa de televisão de Ed Sullivan, duas semanas depois? Agora leio numa coluna que Leny estaria negando-se a cantar músicas de Ary Barroso, Caymmi e outros "alegando que não tem relações de amizade com os compositores". Podemos bem acreditar que seja verdade, infelizmente, pois a esta altura já está bem óbvio que a cantora está mais interessada em fazer-se na América, do que ajudar simultaneamente a propagação de nossa excelente música.[46]

Houve, porém, quem a defendesse. O igualmente prestigiado Mister Eco, no *Diário Carioca*, em sua coluna detonou nomes como Chuck e Carlos Machado, que tentavam desmerecer o sucesso da cantora no exterior:

O senhor Carlos Machado está acostumado aos elogios de encomenda e não entende [...] de quem lhe fira a vaidade mórbida, ocultando-lhe, por escrúpulo, o nome ou exaltando as qualidades de outrem. Por isso, só entende o Chuck, esteja o seu nome, dele Machado, claro ou nas entrelinhas de notícias capciosas, como recentemente pretendendo denegrir, através do moço indócil, o êxito de Leny Eversong nos Estados Unidos, ele que tudo fez para boicotá-la no célebre baile do Waldorf-Astoria e agora ficou com cara de pão dormido. Taí.[47]

46 *Correio da Manhã*, coluna Quando os Gatos São Pardos, 14 jun. 1957, 2º Caderno, p. 3.
47 Mister Eco, *Diário Carioca*, 11 jul. 1957, p. 6.

**Leny em 1957:
uma voz reconhecida
internacionalmente.**

O triunfo nos Estados Unidos 77

A consagração na volta ao Brasil

A lheia às controvérsias em torno de seu patriotismo numa época ainda bastante pré-globalizada, em 5 de julho de 1957, Leny estava de volta ao Brasil, fazendo sua reestreia na TV Tupi, num programa especial. Ela chegou pouco antes do previsto, pois teve de cancelar algumas apresentações em Cuba devido à situação política conturbada pela qual passava o país. Na entrevista, disse que, além do Thunderbird e do Mocambo, cantou na boate Romanoff de Nova York e nos cassinos de Porto Rico e Havana (no Casino Parisien, do Grande Hotel Nacional de Cuba). Na edição de *O Globo* do dia 6, a cantora destacou que a temporada em Hollywood foi a mais emocionante dessa sua primeira fase de sucesso no exterior: "Foram quarenta dias trabalhosos, durante os quais realizava dois shows por noite na boate Mocambo, além dos meus compromissos com a televisão, mas inteiramente compensadores e emocionantes". Porém, antes que os nacionalistas a acusassem de traidora da pátria, foi logo lamentando a pouca divulgação da música brasileira por lá e explicando que o público americano se interessava mais pelas músicas brejeiras e leves, mas, como não entendiam as palavras, o ritmo é o que realmente importava.

> A dificuldade para os nossos artistas em excursão na América é ajustar os acompanhantes ao ritmo ideal. Nossa música tem sido mal promovida nos Estados Unidos por falta de conjuntos nacionais que acompanhem os cantores brasileiros em suas idas àquele país. Porque interesse pela música e coisas do Brasil existe, o que falta é melhor promoção de nossa parte.[48]

Entretanto, dois anos mais tarde, já mais experiente, quando um repórter da *Revista do Rádio* lhe perguntou a que se devia seu sucesso internacional, disse sem firulas: "Em cantar em língua inglesa", e prosseguiu: "Chegando aos Estados Unidos e cantando unicamente em português possivelmente teria fracassado. Eles apreciam a voz das cantoras e querem entender a letra que cantamos". É bom lembrar que a única referência de música brasileira que tinham até então era pelo repertório, com tendência ao exótico, de Carmen Miranda. A bossa nova ainda estava por ser "inventada" e só ganharia o mundo, via Estados Unidos, a partir do início da década de 1960.

Nessa volta ao Brasil, Leny aproveitou para divulgar a versão brasileira de seu LP americano que a Copacabana lançou com o título de *Leny Eversong na América do Norte*, dando autógrafos inclusive no famoso magazine Mesbla, na rua do Passeio, centro do Rio. Claribalte Passos, no *Correio da Manhã*, fez uma crítica excelente ao LP, mais uma vez colocando-a no pedestal ("Leny apresenta-se esplendidamente"), elogiando ainda a seleção "primorosa" de repertório e os "cuidados e belos arranjos". Porém, aproveitou também para dar um recado certeiro aos falsos patriotas da intelectualidade da época: "Os céticos e derrotistas

---

48 "Leny Eversong voltou de uma excursão pronta para outra", *O Globo*, 6 jul. 1957, 1ª Seção, p. 12.

têm aqui uma ótima lição; terão ensejo de ouvir e admirar uma artista completa, distanciada da banalidade atual dos samba-canções açucarados e de melodias quase sempre idênticas, quando não são plagiadas!". Indo além, sentenciava: "Aqueles que na verdade gostam da boa música, seja ela de que nacionalidade for, sabendo distinguir os falsos ídolos, possuem ainda o dom sublime do culto à verdade artística. São estes, pois, os que reservam os seus leais aplausos à arte inconfundível de uma cantora excepcional como Leny Eversong".

Ainda no Rio de Janeiro, Leny colaborou com d. Darcy Vargas num show beneficente e na campanha para arrecadar 3 milhões de cruzeiros para a Casa do Pequeno Jornaleiro. O *Correio da Manhã* apressava-se em dizer que "Leny Eversong, *esta figura gorda da foto*" [grifo meu], voltara na antevéspera ao microfone da "G-3" (Rádio Tupi) depois de uma "vitoriosa temporada pelos States". "E voltou com o mesmo nome e a mesma voz. A prova da simpatia a essa excelente cantora brasileira foi o comparecimento quase total dos cronistas especializados e dos marujos americanos ao auditório da Tupi, aplaudindo-a com entusiasmo." Após o programa, foi servido um coquetel aos presentes, tendo na ocasião o cronista da *Revista do Rádio*, Roberto Reis, deixado fugir sobre a cantora o seguinte comentário: "O valor artístico de Leny Eversong está na razão direta do seu peso".

Nem todos frisavam sua gordura. Louis Serrano, correspondente de *O Globo* em Hollywood, então de visita ao Brasil, foi mais elegante. Limitou-se a narrar em sua coluna a visita que ela lhe fez na Rádio Globo "com seu mesmo sorriso franco e gostoso, com os seus gestos desenvoltos e sua risada espetacular, a mesma que conquistou o público do Thunderbird, em Las Vegas, do Mocambo, em Hollywood, e do Fontainebleau, em Miami". Sim, antes de sair dos Estados Unidos, ela ainda deixou sua marca no Sul do país, cantando no luxuosíssimo Hotel Cassino Fontainebleau.

A cada retorno da cantora ao rádio e à TV, o público e a crítica pareciam mais entusiasmados, pois agora, além de cantar, contava ao público curiosidades de seu êxito internacional. Maurício Quádrio, no *Jornal do Brasil*, chegou a dizer que "se Leny não fosse excelente cantora seria excelente comediante", pois o humor da cantora era – além da gordura

A consagração na volta ao Brasil 81

e de seu lado alegre e bonachão – um traço muito reparado por todos, enquanto o Ouvinte Desconhecido em *O Globo* reforçava que ela era "dona da alegria mais ágil, do bom humor mais flexível e da voz mais bonita que o rádio e a televisão nos trazem". Um detalhe curioso é que nesse tempo os artistas não tinham qualquer pudor em falar quanto ganhavam na imprensa e esta divulgava seus proventos sem qualquer constrangimento. Num tempo em que o meio artístico ainda possuía a alcunha de marginal, isto era inclusive uma maneira de mostrar que os artistas eram cidadãos sérios e trabalhadores como quaisquer outros. Leny, por exemplo, declarou à *Revista do Rádio* que "deixou o dinheiro todo nos Estados Unidos":

> O imposto de renda na América do Norte é uma coisa muito séria. Principalmente para os artistas que não têm meios de sonegá-lo. Essa era uma das razões por que Carmen Miranda vacilava em retornar para sempre ao Brasil. E agora Leny Eversong teve a prova. Ganhou bem, mas deixou bem também em imposto de renda. Sua vitória artística, essa é total.[49]

A seguir, em agosto de 1957, Leny inaugurou, à meia-noite e meia, numa noite de gala (com direito a *black-tie* e tudo), o local onde funcionava a boate Flusta, em Copacabana, e que a partir de então seria Au Bon Gourmet – palco de futuros *pocket shows* importantes da bossa nova. Mister Eco correu para anunciar que o gerente da casa, José Fernandes (ex-Vogue), contratara "a volumosa (em tudo) cantora Leny Eversong" por 20 mil cruzeiros por noite, 600 mil pela temporada, "quebrando o recorde de maior contrato de nossas boates até então em poder de Silvio Caldas, quando esteve na Night and Day e ganhava 250 mil cruzeiros por mês". Deu até na coluna social de Ibrahim Sued que, além das badalações, valia a pena ver "a *lady crooner* número um do Rio, a jovem Marisa" (futura Marisa Gata Mansa), além do "sensacional show de Leny Eversong, a sucessora de Carmen Miranda no estrangeiro". Antonio Maria também elogiou em sua coluna em *O Globo* tanto ela

---

49 *Revista do Rádio*, n. 411, 27 jul. 1957, p. 15.

quanto a cantora francesa Dany Dauberson, em cartaz no Copacabana Palace. A seguir Leny cumpriu temporada na igualmente chique boate Oásis, em São Paulo.

Na mesma época, a cantora era novamente acusada de antipatriota, dessa vez por Mário Júlio, colunista de TV de São Paulo, na *Revista do Rádio*.

> Causou surpresa a todos que ouviram Leny declarar num programa de TV que a nossa música é muito pouco conhecida nos Estados Unidos. A surpresa não é por esse fato, mas sim porque a mesma Leny se esqueceu de trabalhar a nossa música enquanto cantou por lá, pois só cantou na terra de Tio Sam música americana e samba americanizado. Que tal?[50]

Ironicamente, logo a seguir era convidada a realizar a "primeira gravação oficial do Hino Nacional Brasileiro cantado" por determinação do então prefeito do Rio, Negrão de Lima, para ser distribuída em escolas, estações de rádio e TV, e instituições cívicas. Tão orgulhosa de seu país, emocionou-se verdadeiramente, segundo relatos da imprensa.

> Leny Eversong, *esta figura gorda e de voz encantadora* [grifo meu], foi destacada para gravar hoje no Teatro Municipal com a Banda do Corpo de Fuzileiros Navais e o coro daquele teatro, dirigidos respectivamente pelos maestros capitão Oswaldo Cabral e Santiago Guerra, o Hino Nacional Brasileiro. A participação da cantora é uma colaboração da Copacabana Discos nessa gravação que o presidente da República distribuirá às Forças Armadas no Dia do Soldado, e que será oficialmente entregue no próximo dia 7 de setembro, quando se comemora o 135º aniversário da Proclamação da Independência do Brasil.[51]

Por força da lei, Leny Eversong teve que cantar o hino em fá maior, em vez de usar o tom de dó maior, mais indicado para a sua voz. A cantora concordou com o tom, atendendo a ponderações do maestro

---

50 *Revista do Rádio*, n. 415, 24 ago. 1957, p. 48.
51 *Correio da Manhã*, coluna Rádio & TV, 22 ago. 1957, 1º Caderno, p. 15.

capitão Oswaldo Cabral que dirigia a orquestra que a acompanhava –
sessenta figuras da Banda dos Fuzileiros Navais, ao lado dos 93 membros do coro do Teatro Municipal, dirigido pelo maestro Guerra-Peixe.
Por ser um registro oficial, a voz de Leny se sobressai apenas levemente,
misturando-se à do imenso coro. Em virtude de muitos pedidos, a gravação extrapolou a distribuição protocolar do governo e a Copacabana
Discos editou comercialmente o disco.

Em setembro, a revista de maior prestígio do país, *O Cruzeiro*, dava
uma capa e reportagem de seis páginas coloridas à cantora, cuja manchete era "Leny Eversong conquistou a América". A reportagem de Ary
Vasconcelos trazia uma imensa foto da cantora ao lado de Elvis Presley
– a propósito, a única cantora brasileira fotografada ao lado do ídolo do
rock. Noutra foto, Leny aparecia com a boca aberta como se cantasse
um de seus agudos prolongados, com a legenda: "Mais um milímetro
e todos poderiam ver que a garganta de Leny é de ouro!". Em mais outra, a cantora aparecia bebendo leite, legendada da seguinte maneira:
"Leite, mesmo em pacotes, é ótimo para a garganta", receitava Leny.
"O que é que Leny Eversong tem? Leny é a única artista brasileira que
está obtendo, na América, o êxito de Carmen Miranda. Ela vem de lançar nos States, com grande sucesso, 'Maracangalha' e 'Mulher rendeira'",
exaltava a reportagem.

Três meses depois, a *Revista do Rádio* reunia "as duas grandes cantoras do momento" e colegas de gravadora, Leny Eversong e Angela Maria –
esta no auge da popularidade à época, atuando simultaneamente na
Rádio Nacional e TV Tupi, no Rio, e na rádio e TV Record de São Paulo,
sendo possivelmente o maior salário entre os cantores nessa década e a
que mais vendia discos, colecionando sucessos numa carreira iniciada
em 1951. Inacreditavelmente, como não poderia deixar de ser, tinha que
haver alguma referência à gordura (ou ao apetite) da cantora. As fotos
da matéria apresentavam, entre outras, Angela e Leny destampando panelas num fogão e numa das legendas, assim como em *O Cruzeiro*, a
cantora santista falava dos benefícios lácteos: "Leite dá saúde, explica
Leny a Angela". As duas foram também capa de uma das edições, em
que havia uma enquete com vários artistas do rádio que respondiam
à prosaica questão: "Quem canta melhor – Angela ou Leny Eversong?".

Leny Eversong visita Angela Maria, no Rio: dois vozeirões populares enfocados, em novembro de 1957, pela então onipresente *Revista do Rádio*.

Após breves passagens pela Rádio Caxias do Sul e novamente pela Rádio Farroupilha, ambas no Rio Grande do Sul, e TV Itacolomi, de Minas, Leny seguiu para Buenos Aires em dezembro para uma temporada de um mês. Cantou na Rádio El Mundo, TV Belgrano e boate King's. Os portenhos ficaram entusiasmados com a nossa cantora, a exemplo do que havia acontecido com Angela Maria pouco antes. Deixando a cidade, mais uma vez causou comoção. O jornal *Diario Clarín* dizia o seguinte:

Brasil continua con su plan de ataque a nuestra televisión. Ataque, desde luego, muy agradable porque sus armas son las canciones y su arsenal el venero de los artistas de la tierra del Amazonas. Leny Eversong es esta vez

A consagração na volta ao Brasil 85

la musical representante que se acerca a la TV argentina para hacernos escuchar su voz en la que una esmerada educación y una vocación indestructible le permiten cultivar tanto el folklore de Brasil como las melodías de Estados Unidos. Leny llega a la Argentina después de una exitosa jira por varias ciudades de América, que se extendió de Nueva York, Las Vegas y otros puntos del territorio norte-americano a varias ciudades del sur del continente, en las que con igual éxito el "baión" se alternó con el "blue y el samba". La voz de Leny Eversong saldrá al aire por TV Canal 7, en sólo dos oportunidades: las vísperas de Navidad y Año Nuevo. A prepararse pués a despedir 1957 tarareando con Leny las mil canciones de su repertorio de las Américas![52]

Leny iniciou o ano de 1958 seguindo para Punta del Este, Viña del Mar, Santiago, Lima e Caracas. A imprensa daqui ventilava que o sucesso da cantora em Punta del Este na boate Rojo y Negro foi tanto que o Hotel Nogaró onde ficou hospedada teria inventado novo prato, supremo de frango à Leny Eversong. Não sabemos, entretanto, até que ponto é verdade ou se é mais um capítulo da visão caricatural em relação aos corpos gordos tão patente à época. Enquanto isso, Mendez, um sósia muito gordo da cantora, se travestia e fazia a alegria dos auditórios, imitando-a no bar/boate Bidou, na avenida Prado Júnior, 63C, em Copacabana, cantando com uma voz forte em rádio e TV. Como toda diva da música popular daquele tempo tinha uma boa quantidade de fãs *gays* em seu encalço, ele seguiu mimetizando-a em diversos palcos, inclusive em espetáculos de revista até o final da década.

---

52 Reproduzido em espanhol no *Diário da Noite*, 14 jan. 1958, 2ª Seção, p. 5. "O Brasil continua com seu plano de ataque à nossa televisão. Ataque, claro, muito prazeroso porque suas armas são as canções e seu arsenal a veneração dos artistas da terra do Amazonas. Leny Eversong é desta vez a representante musical que vem à TV argentina para nos fazer ouvir sua voz, na qual uma educação cuidadosa e uma vocação indestrutível lhe permitem cultivar tanto o folclore do Brasil quanto as melodias dos Estados Unidos. Leny chega à Argentina após uma bem-sucedida turnê por várias cidades americanas, que se estendeu de Nova York, Las Vegas e outras partes do território norte-americano a várias cidades do sul do continente, nas quais, com igual sucesso, o 'baião' alternou com 'o blues e o samba'. A voz de Leny Eversong vai ao ar na TV Canal 7, apenas duas vezes: nas vésperas de Natal e de Ano Novo. É preciso preparar-se, então, para a despedida de 1957 cantarolando com Leny as mil canções de seu repertório das Américas" (em tradução livre).

Cidália Meireles, Inezita Barroso, Germano Mathias, Angela Maria e Leny Eversong recebem o Troféu Guarani, do II Festival Brasileiro do Disco, em 1957.

Na virada do ano, época de retrospectivas, seu ex-desafeto Carlos Machado, no *Diário da Noite*, a destacou entre os "melhores do ano", na categoria "Projeção internacional", ao lado da atriz e cantora Vanja Orico (projetada pelo cinema na Europa), de Ivon Curi (em Portugal) e Angela Maria (República Dominicana). Já na capital paulista, em janeiro, houve o II Festival Brasileiro do Disco, elegendo os melhores do disco de 1957 numa grande festa no Teatro Cultura Artística, aos quais coube o Troféu Guarani. Nelson Gonçalves e Angela Maria foram laureados, respectivamente, Rei e Rainha do Disco, e, entre os vários premiados, Leny ganhou como Intérprete Feminino de Música Internacional. Já a Associação dos Cronistas Radiofônicos do Estado de São Paulo conferiu a Leny um prêmio especial, Honra ao Mérito de Televisão, pelo sucesso de sua temporada nos Estados Unidos. Em março de 1958, César Bahar entregou mais um Roquette Pinto a Leny, a qual saiu de sua casa no Guarujá, onde descansava após a temporada pela América Latina, especialmente para recebê-lo.

Nem tudo na vida de Leny nessa época eram flores. No final do ano anterior, seu marido arrumou uma confusão com Paulo Alencar (em verdade, Isaac Feldman), um brasileiro, ex-violinista, radicado havia 14 anos nos Estados Unidos, também produtor e locutor com muita experiência na TV americana, que foi seu primeiro empresário internacional. "Graças ao Paulo, minha mãe fez contrato com a Music Corporation of America (MCA), que era uma das maiores agências de artistas da época, ao lado da William Morris. Mas meu pai [padrasto] cismou com o cara... Atrapalhou muito a carreira dela", explicou Álvaro. A confusão foi relatada numa dramática matéria de Henrique Pongetti no jornal *O Globo*. Ocorre que Alencar moveu um processo contra a cantora devido ao rompimento do contrato motivado por Ney, que, inseparável da mulher-artista, não cessava de palpitar num meio em que definitivamente não tinha experiência.

O empresário desejava saber com que vestido a extraordinária cantora procuraria disfarçar sua *abundância de carnes* [grifo meu] no show; exigia seis vestidos para escolha de um – coisa naturalíssima, de rotina, mesmo se tratando de um show com manequins de Christian Dior. A resposta do cônjuge zeloso vinha ríspida: "Leny se veste como bem entende: o empresário que se dane!". Na hora das contas, o homem assumia ares fiscais e animosidade de quem fosse ser espoliado por uma *gang*: "Todos ladrões". Leny acabaria roubada até no metal precioso da sua voz se ele não estivesse ali com sua lúcida desconfiança e sua devoção de marido. Assim mesmo, o *manager* ensinava durante horas a pronúncia das letras, corrigia gestos, revelava os truques cênicos das grandes cantoras populares. Leny Eversong era um bom começo: se insistisse, deixando-se guiar pela experiência, acabaria firmando-se no cartaz. Um contrato para a Europa estava prestes a ser concluído. Veio o insucesso numa *boite*, depois do relativo agrado em Las Vegas: assim mesmo o *manager* queria continuar, fazia fé, empataria mais tempo e dinheiro na propaganda e na obtenção de bons contratos. O Waldorf Astoria aceitou uma proposta do *manager*: não era dinheiro de assombrar, mas era o Waldorf Astoria, onde, para cantar, artistas de certo nome pagariam. Nada feito. O zeloso vigilante achou que no Brasil o "36" ou o show do Provenzano[53] seria muito mais negócio. Brigas, advogados, Paulo Alencar decidido a fechar os Estados Unidos e Europa a qualquer nova pretensão do casal.[54]

Mesmo com toda essa confusão, a viagem rumo a Paris foi confirmada, já com a parceria de outro empresário. Após anos e anos de dificuldades, nem as sabotagens do marido pareciam capazes de conter a maré de sorte de Leny.

Antes, contudo, a cantora foi enfocada em mais uma matéria de gosto duvidoso pela *Revista do Globo*, de Porto Alegre. O título já dizia tudo: "A amiga da balança – Para manter uma grande voz é preciso vitamina", colocando novamente a cantora sobre uma balança de farmácia ("Mesmo marcando 124 quilos, Leny Eversong não perde o bom humor"), num armazém de secos e molhados ("o Mercado Público de Porto Alegre foi uma alegria diferente para Leny Eversong") e bebendo de um tonel de vinho de Bento Gonçalves ("o vinho de Bento Gonçalves encontrou nela uma provadora de paladar bastante apurado"). A matéria esmiuçava que a cantora não tinha "complexo de gordura". "Se tivesse, fazia regime para emagrecer", disse ela. O texto da reportagem ia além:

> Na verdade, uma grande porção de responsabilidade pelo seu imenso sucesso nas três Américas deve-se a alguns quilos excessivos que enfeitam sua figura redonda e simpática. E sua simpatia é avassaladora. Mesmo com o calor e o cansaço das caminhadas pela cidade, ela não deixa de exibir alegremente um esplêndido sorriso nem a solicitude que nela é inata.[55]

---

53 Club 36, famoso bar e restaurante com música ao vivo, em Copacabana. Mário Provenzano, famoso diretor de programas na TV Tupi.

54 *O Globo*, coluna Henrique Pongetti Apresenta o Show do Mundo, 12 out. 1957, 1ª Seção, p. 3.

55 "A amiga da balança – Para manter uma grande voz é preciso vitamina", *Revista do Globo*, 11 jan. 1958, p. 85.

A cantora explicava que lhe apetecia a comida gaúcha, porém não estava em seu apetite a razão de sua gordura. "Come-se bem no Sul. Comida farta e barata. Mas você não pense que eu sou gorda por comer em excesso. Apenas tenho uma predisposição natural para engordar. Alimento-me normalmente, como qualquer outra pessoa, como o que os outros comem." Mau gosto da reportagem à parte, há controvérsias na fala da cantora. Várias pessoas entrevistadas para este livro afirmavam que Leny possuía um apetite vulcânico. Isso, porém, não tem a menor importância, afinal, cada um tem o direito de administrar como quiser sua dieta alimentar. Entretanto, considerando o patrulhamento constante sobre o corpo da cantora, essa compreensão parecia bem distante da visão do senso comum daquele tempo.

Novamente, a imprensa enfatiza sua corpulência. Pesando-se numa balança e entre comidas e bebidas, desta vez a reportagem é da *Revista do Globo*, de Porto Alegre, em janeiro de 1958.

A AMIGA DA BALANÇA

Mesmo com a balança marcando 124 quilos Leny Eversong não perde o bom humor.

LENY Eversong não tem complexo da gordura.
— Se eu tivesse — diz ela — fazia regime para emagrecer. Na verdade uma grande porção de responsabilidade pelo seu imenso sucesso nas três Américas deve-se a alguns quilos excessivos que enfeitam sua figura redonda e simpática. E sua simpatia é avassaladora. Mesmo com o calor e o cansaço das caminhadas pela cidade ela não deixa de exibir alegremente um esplêndido sorriso nem a solicitude que nela é inata. Tendo custado muito a ser uma grande estrêla (desde os 14 anos está no rádio), chegando mesmo quase a desistir, ela hoje preza com carinho seus milhões de fãs e consegue velhos amigos em questões de segundos. Recebe 30 mil cruzeiros por cada audição radiofônica e 50 mil para cantar em clubes, mas trata de fazer economia. Não atende a todos os pedidos que lhe fazem os empresários por uma questão de fadiga. É o verdadeiro sucesso.

Reportagem de **LINEU MARTINS**

Fotos de **LÉO GUERREIRO**

Para manter uma grande voz é preciso

O Mercado Público de Pôrto Alegre foi uma alegria diferente para Leny Eversong.

vitamina

O vinho de Bento Gonçalves encontrou nela uma provadora de paladar bastante apurado.

O pintinho nas mãos de Leny forma o perfeito contraste. A diferença: um pia, a outra canta.

INDAGADA sôbre seu regime alimentar, respondeu:
— Come-se bem no Sul. Comida farta e barata. Mas você não pense que eu sou gorda por comer em excesso. Apenas tenho uma predisposição natural para engordar. Alimento-me normalmente, como qualquer outra pessoa, como o que os outros comem.
Cantando, Leny Eversong conseguiu quebrar a fleuma dos gaúchos. Na Associação Leopoldina Juvenil arrebatou o público de tal maneira que são muito raras as notícias de outro sucesso igual obtido naquele clube.
Seu número mais conhecido é "Jezebel" mas ela confessa que já está cansada de cantá-lo e só o faz a pedido, porém uma vez começando entrega-se totalmente à música e vibra como quando a interpretou nas primeiras vêzes. Hoje seu repertório contém inúmeras canções de sucesso sendo extraordinária a maneira como interpreta o famoso "Bahia", de Ary Barroso.
Foi depois de ter cantado no célebre programa "Ed Sullivan" da televisão americana, com uma assistência de 80 milhões de telespectadores que o nome artístico de Hilda Campos tomou um tremendo impulso de publicidade devido ao seu feito. Como se sabe, apenas grandes cartazes internacionais é que conseguem ser convidados para uma apresentação. Certas atrizes conhecidas do cinema chegam a esperar dois anos na fila, pois uma única noite no *video* de Ed Sullivan é ponto alto numa carreira de artista. Agora Leny Eversong procura dar conta dos pedidos ainda que na sua totalidade seja impossível. É depois de certo tempo de trabalho que os quilos começam conspirar contra sua grande animadora.

Depois de uma longa caminhada pelo sol, o repouso para enfrentar o microfone à noite.

A consagração na volta ao Brasil 93

Leny conquista a Europa

Em março de 1958, Leny realizou nova temporada na boate Au Bon Gourmet, em Copacabana, no Rio, enquanto Maysa cantava no La Bohème e o ídolo dos auditórios, Cauby Peixoto, mostrava que também era bom de música sofisticada, encarando o minúsculo Little Club, no Beco das Garrafas. Depois, a cantora finalmente rumaria em busca do reconhecimento europeu, embarcando para a França no final de abril num DC-70 da Panair, enquanto seu *entourage* já vinha divulgando seu nome por lá, tanto assim que a Vogue-Coral lançou dois *extended plays* da cantora, *The Sensational Voice of Leny Eversong*, que vinham obtendo boa aceitação do mercado local, muito embora, devido ao repertório majoritariamente cantado em inglês, a anunciassem como "vedete norte-americana" ou "La chanteuse américaine Leny Eversong, 100 kilos, la Frankie Laine femme".

Após uma longa temporada de Edith Piaf, quando a nossa Marlene, convidada pela primeira-dama da canção francesa, abriu seus shows todas as noites – indo para ficar duas semanas em temporada e permanecendo três meses e meio –, agora era a vez de outra brasileira encarar o famoso teatro Olympia de Paris, no dia 1º de maio. Na verdade, além da passagem de Marlene, naquele período estavam também no país outros conterrâneos, como o conjunto Os Brasileiros, subvencionado por nosso governo, formado por oito músicos selecionados pelo compositor (advogado e político) Humberto Teixeira, incluindo Sivuca, com direção musical do maestro Guio de Morais (também com datas no Olympia e partindo a seguir para a Expo Internacional de Bruxelas); o conjunto folclórico do Rio Grande Sul Os Gaudérios; os cantores Nelson Ferraz e Hélio Mota, os chefes de orquestra Sílvio Ferreira e Jadir de Souza, e as cantoras Vanja Orico e Maria Aparecida.

A embaixada brasileira mantinha através da Radiodiffusion Française um programa semanal de meia hora em que todos apareciam, *Aquarelle du Brésil*, às quartas, 18h30. Houve um coquetel em que o embaixador Alves de Souza apresentou à imprensa parisiense os artistas brasileiros que estavam ali para divulgar a nossa música. O caso de Leny, porém, era bem diferente, conforme narra a reportagem do jornal *O Globo*.

Já Leny Eversong está chegando para enfrentar, por sua vez, o famigerado público do Olympia. Mas se a sua responsabilidade é maior que as de Marlene e de Os Brasileiros – ela deverá preencher o final da primeira parte de um espetáculo encabeçado pela orquestra húngara de Helmut Zacharias, ou seja, como "segunda estrela" do programa –, suas possibilidades de um sucesso nítido são facilitadas pelo gênero das suas interpretações. Leny Eversong será apresentada como cantora americana e, de acordo com o contrato assinado, deverá interpretar apenas canções americanas. No entanto, quando soube que o célebre Frankie Laine, seu rival masculino, não teve êxito pessoal em Paris, apesar de bater recordes de venda de discos, a simpática artista brasileira murmurou: "Mas, afinal, quem é que agrada em

Paris? Só os franceses?". Para tranquilizá-la, alguém enumerou-lhe consagrações recebidas no Olympia pelos seguintes artistas e conjuntos estrangeiros: o Quarteto de Jazz Moderno, as orquestras de Louis Armstrong e Lionel Hampton, The Platters, Amália Rodrigues, a orquestra italiana de Marino Marini, Lena Horne, Hazel Scott e o pianista Erroll Garner.[56]

Além do maestro, violinista e compositor alemão Helmut Zacharias, Leny era precedida de um malabarista, considerado à altura o maior do mundo. Seu filho Álvaro conta que estavam apavorados.

O grande lá era Zacharias e sua orquestra. Ele trabalhava com *playback* bem sincronizado e a orquestra sempre dobrava. Era um luxo. A bateria do cara era imensa, europeia. Minha mãe vinha depois do Rudy Cárdenas, o maior malabarista de todos os tempos, um mexicano. Ele subia numa *bike* de uma roda só, fazia uma pilha de pires e prato. Cheguei a "secar" esse prato. Pensei: "Minha mãe vai entrar depois e está frita". Sabe como é... macaco, menino prodígio e essas cenas de circo sempre vão se destacar mais...[57]

Fato é que os 2 mil lugares do teatro estavam ainda em comoção com o malabarista quando todas as luzes se apagaram. Escuridão total. Daí entra Leny com apenas um foco de luz sobre seu rosto e vinham os primeiros acordes de "Summertime", com seu arranjo diferente do original, cheio de novas nuances. Sua voz vai se impondo em meio a um silêncio sepulcral. Num minuto, a plateia já estava enfeitiçada. Seguiram-se os demais números de seu LP americano e até uma canção francesa que ela ensaiara às pressas. Deu certo. Sua estreia foi, mais uma vez, um sucesso. E o êxito se repetiu em todos os 21 dias da temporada.

No dia seguinte, a cantora mandou um telegrama para seu amigo César Bahar, em que dizia: "Sucesso confirmado. Imprensa parisiense afirma: Minha voz grande como o Amazonas. Estou feliz". O colunista Barnabé, do *Correio da Manhã*, logo foi criticando a cantora por ter-se apresentado em Paris sem cantar músicas brasileiras. Afirmou que

---

56 "Leny Eversong 'americana'", *O Globo*, 29 abr. 1958, 1ª Seção, p. 20.
57 Entrevista de Álvaro Augusto ao autor em novembro de 2012.

Foto de divulgação de sua
temporada europeia, de 1958.

o conjunto Os Brasileiros não foi tão bem compreendido pelo público francês, como o fora a performática Marlene. Porém, o sucesso de Leny não lhe parecia exatamente uma boa notícia.

> Leny Eversong abafou no Olympia. Mas como? Cantando músicas americanas, mais conhecidas naquela terra. Excelente cantora, sem dúvida. Veio, não faz muito tempo, de outro sucesso – nos States. O motivo de não sentirmos tanta alegria pelos aplausos que a cantora brasileira recebeu é, simplesmente, saber que uma bela voz do nosso país põe de lado o espírito brasileiro, deixando de divulgar a nossa música para interpretar ritmos estrangeiros. E, mais, sua apresentação, ainda nos contam, não foi como cantora brasileira. Havia de tamanho bem visível uma faixa que não expressava bem a verdade sobre a nossa estrela. Enfim, isso só acontece com os brasileiros.[58]

Antonio Maria saiu em sua defesa em *O Globo*: "Não cometam o patriotismo de atacá-la por não limitar-se a um repertório rigorosamente brasileiro, dificilmente acessível fora daqui. Deixem que Leny vença cantando o que bem quiser – o que bem sentir – e estará vencendo em nosso nome". E dizia que uma boa prova de seu sucesso era o postal que acabara de receber da cantora, num envelope do Hotel de Paris, no Boulevard de la Madeleine: "Antonio, isto aqui é de fato maravilhoso. Disseram-me que você está elegantíssimo. É verdade? Vai me contar como conseguiu perder tantos quilos? Não me diga que foi passando fome. Se foi... morro gorda, asseguro-lhe. Abraços: Leny Eversong". Maria afirmava que "este simpático bilhete de Leny é, por si, uma prova de que a artista está feliz. Não se parece em nada com outros bilhetes que os cronistas recebem contando êxitos e mais êxitos e tantas vezes aquele grito desesperado: 'Estamos abafando'. Leny está feliz e o artista nunca está feliz sem sentir a repercussão de sua arte". Fazia sentido.

Maria estava realmente com razão e nem precisaria justificar muito a parte da aclamação da cantora pelo público francês, pois não demoraria muito a chegar ao Brasil uma saraivada de matérias com belas fotos

---

58 *Correio da Manhã*, coluna Rádio & TV, 7 maio 1958, 1º Caderno, p. 14.

Leny com músicos e o filho
Álvaro, de gorro, num
momento de folga dos shows
no Olympia de Paris, em 1958.

com o que estava acontecendo por lá. Chuck, o colunista do *Correio da Manhã* que havia pouco a menosprezava, teve de se render, pois publicou em sua coluna "Gatos Pardos" nada mais nada menos que cinco críticas positivas de sua apresentação no Olympia, quando o letreiro do teatro já havia trocado o nome de Leny Eversong pelos de outras estrelas do quilate da ítalo-franco-alemã Caterina Valente e da vedete norte-americana radicada em Paris Josephine Baker.

Paris Journal – Os que a ouviram reafirmam que Leny Eversong possui uma das vozes mais fenomenais da nossa época. Sem dúvida alguma ela é uma das melhores coisas que já nos enviou o continente sul-americano, para reforçar a política da boa vizinhança. Ela é um Frankie Lane de saias. No programa do Olympia, Leny Eversong destaca-se completamente, oferecendo ao público, com a sua personalidade e a sua voz, algo de gigantesco. Essa cantora brasileira não termina mais de nos surpreender.

L'Aurore – No festival internacional do Music Hall no Olympia, em todo o espetáculo temos que tratar à parte Leny Eversong, cantora brasileira possuidora de uma voz admirável, que vai do soprano ao contralto, mágica e empolgante.

Le Parisien – Outra grande estrela do Festival do Olympia é uma senhora bastante gorda, originária do Brasil. Ela possui uma voz que, por sua magnitude, podemos definir de "A voz do Amazonas". A sua carreira de cantora é baseada nos grandes sucessos norte-americanos, brasileiros e internacionais.

Paris Presse – L'Intransigeant – Leny Eversong não fala francês, mas canta em diversos idiomas. Ela é brasileira e de uma corpulência para fazer ciúmes às Peters Sisters[59]. Com sua voz fenomenal e o seu magnetismo, acompanhado de uma surpreendente personalidade, ela conquistará Paris em uma semana. Depois de "Jezebel" e "Jalousie", ela se prepara para cantar em francês "La Mer", de Charles Trenet. O diretor de cinema Preston Sturges foi o autor do *slogan* "Leny Eversong possui uma voz poderosa como as águas do Amazonas".

Music Hall – Leny Eversong é uma personagem única de expressão nunca vista. Cabelo louro, é uma brasileira de Santos. Ela canta os blues como se fosse originária de Nova Orleans. Interpreta qualquer folclore, cantando em diversos idiomas. Possui uma visagem terrivelmente expressiva. Ela nos fez conhecer diversas gravações de música brasileira que trouxe em sua bagagem.[60]

---

59 The Peters Sisters foi um grupo de três irmãs cantoras norte-americanas, negras e gordas, em atividade entre 1949 e 1963.
60 *Correio da Manhã*, coluna Gatos Pardos, 27 maio 1958, 2º Caderno, p. 3.

Outro que havia pouco tempo criticava a cantora por evitar o repertório brasileiro no estrangeiro e agora voltava atrás era Ibrahim Sued.

Queixam-se os exagerados nacionalistas de que Leny Eversong, que está fazendo sucesso em Paris, não canta coisas em português nas suas exibições. Ora, a verdade é que a música brasileira cantada jamais terá sucesso generalizado no exterior, por várias razões, inclusive o ritmo e a língua. Leny Eversong percebeu isto muito bem e está cantando em inglês e francês. Mas não devemos esquecer que se trata de uma brasileira cantando no exterior e o essencial é que está agradando. Se ela não está cantando em português, está sendo a mais inteligente de todas as artistas brasileiras que nesses últimos tempos têm ido tentar a sorte fora do país.[61]

Até o final do ano era difícil uma publicação importante dirigida à cultura, ao rádio, à música ou à sociedade que não a tivesse enfocado na capa ou em alguma reportagem recheada de fotos em que estivesse posando junto à catedral de Notre-Dame, ao Moulin Rouge, Galeries Lafayette, a uma publicidade com seu nome na avenida Champs-Elysées e o que mais se possa imaginar. E a repercussão, segundo Álvaro, filho da cantora, só não foi maior porque entre 10 e 29 de junho daquele ano o Brasil disputou a Copa do Mundo na Suécia, ganhando seu primeiro campeonato mundial de futebol, uma comoção nacional. Os holofotes da imprensa, naturalmente, a partir daquele mês ficaram em cima dos jogadores por muito tempo. "Isso ofuscou um pouco a repercussão do sucesso dela no nosso país", admitiu.

Mesmo assim, em junho de 1958, o correspondente em Paris, Justino Martins, na seção "O Globo Feminino" do periódico carioca, endossava que o êxito da cantora não era mera impressão: "A cidade inteira encheu-se de cartazes coloridos com a figura imponente da cantora". Ele atestava inclusive que, graças ao sucesso no Olympia e também nas seis estações de rádio e duas de TV em que se apresentou, Leny recebeu páginas inteiras de revistas especializadas locais e logo muitos convites

61 *O Globo*, coluna Reportagem Social, 30 maio 1958, 1ª Seção, p. 4.

Leny em foto de divulgação, de 1958,
da Disques Vogue, de Paris,
pela qual lançaria LP acompanhada
pelo maestro Pierre Dorsey.

Leny conquista a Europa | 103

que geraram uma turnê pelo interior da França. Porém, os acontecimentos políticos turbulentos que tomaram a capital francesa no mês anterior, durante a Guerra de Independência da Argélia, então colônia do país, obrigaram-na a mudar os planos. Aproveitou o tempo para gravar 18 músicas para o selo Vogue, depois seguiu para Portugal, onde cantou por duas noites no Cassino Estoril, na praia de Cascais, voltando à França no dia 12 de julho para atuar na Côte d'Azur, no Hotel-Cassino Palm Beach.

A única tristeza da cantora é que empresários e gravadoras parisienses exigiam dela apenas canções americanas e francesas. "Para incluir duas canções brasileiras nos meus discos, tive de implorar. Os empresários acham que a nossa música não tem mercado na França", explicou a cantora. Entretanto, a partir de então, a gravadora e a publicidade em torno de seu nome já mostravam a sua verdadeira nacionalidade e, sem falar francês, Leny vencia a barreira da língua com o famoso "jeitinho brasileiro", ou seja, lançando mão de artifícios criativos e afetivos para atingir seu intento, o que nesse caso específico não chegava a ser negativo, pois não prejudicava a ninguém, como muitas vezes acontece em questões mais sérias no país: "Nos cafés parisienses consegue o que quer em português com o auxílio de gestos. É outro fenômeno. Bem-humorada, feliz, não há ninguém mais brasileiro do que essa fabulosa cantora 'americana'". Para coroar sua "brasilidade", não tardou a oferecer à imprensa, junto ao Arco do Triunfo, uma feijoada brasileira, devidamente imortalizada numa matéria da *Revista do Rádio*.

Maurício Quádrio, do *Jornal do Brasil*, que também chegou a criticá-la meses antes, foi outro a se render à simpatia e ao sucesso da artista. "A cantora que os franceses chamam de '*gros tube*' [grifo meu] gosta de visitar os museus, as catacumbas (dos existencialistas) e outras coisas que a própria cantora conta neste bilhete de Paris":

Caro amigo Maurício Quádrio,

Eu aqui só tenho conhecido trabalho, trabalho, e também sucesso, graças a Deus. Ainda não pude me dar ao luxo de ser turista e ver as coisas maravilhosas que existem em Paris, a não ser a Torre Eiffel, o Arco do Triunfo, a Ópera, a Madeleine, o Sena, a Notre-Dame e a maravilhosa Praça da

Em Paris, em junho de 1958, posando ao lado do cartaz que anunciava seu show.

Concórdia. Mas para ver estas belezas, a gente não precisa se fantasiar de turista, pois a todo instante se tropeça na Torre, no Arco etc., pois tudo isso encontra-se no coração de Paris. Mas como em Paris não existe só isto, eu logo que termine minhas gravações pretendo visitar o Louvre, os museus em geral, as catacumbas, os esgotos e os metrôs...

Por enquanto só vejo trabalho pela frente. Maurício: tudo que fiz em Paris o nosso amigo Bahar deve ter-lhe contado, por isto limito-me apenas a lhe dizer o que eu gostaria de fazer (se pudesse!) e não o que fiz. Só lhe digo uma coisa: fiz "bonito" e honrei o Brasil, pois aqui todos sabem que a cantora que canta música internacional é brasileira!

Pra você, Maurício, um grande abraço e os votos de saúde e alegria da Leny Eversong.[62]

Por sua vez, o divulgador e amigo de Leny, César Bahar, apressava-se em divulgar seu roteiro de shows na *Revista do Rádio*, em julho, que ainda previa antes da volta ao país passagens por Porto Rico e Nova York. Anselmo Domingos, editor da publicação, era mais um a defender a cantora dos "nacionalistas" intransigentes, dizendo que Leny teve em Paris uma resposta exata para uma pergunta certa, quando um jornalista local lhe indagou a razão de não cantar músicas brasileiras por lá: "Respondeu que em sua terra jamais ganhara qualquer prêmio cantando música nacional e que os prêmios vários que havia ganho referiam-se justamente às interpretações de música estrangeira. E disse, finalizando, que no próprio Brasil só lhe pedem para cantar em inglês".

Nesse meio-tempo, saíam por aqui, com pequeno intervalo de tempo, dois LPs da cantora pela Copacabana, *Leny Eversong em foco* e *Ritmo fascinante nº 1*. Nenhum dos dois, porém, estava à altura de seu talento. O primeiro, contudo, era bem mais fraco. Ardoroso admirador da cantora, o crítico Claribalte Passos, do *Correio da Manhã*, deu cotação "sofrível" ao *Leny Eversong em foco*, chamando-o de "salada musical sem expressão": "Realmente, este é um dos discos LP mais fracos de Leny Eversong. Até mesmo cantando originais bastante difundidas, quais sejam

---

62 *Jornal do Brasil*, coluna Discos Populares, 22 jun. 1958, 4º Caderno, p. 2.

Cartaz de sua apresentação no Hotel-Cassino Palm Beach, em Cannes, em 1958.

'Granada', 'Smile' e o notável samba 'Nunca' (aliás, a melhor interpretação neste LP), a intérprete utiliza artifícios que desagradam completamente". A referida "Smile" (Charles Chaplin, John Turner, Geoffrey Parsons) e "My Yiddishe Momme" (Jack Yellen, Lew Pollack) nem faziam tão feio assim, pelo contrário, mas realmente o restante deixava muito a desejar, inclusive apresentando autores paulistas inexpressivos, assim como um certo Jurandir C. Chaves, que estreava aos 16 anos e dali a dois anos ficaria nacionalmente conhecido como o humorista/cantor Juca Chaves. Ele estava presente no repertório com "Águas de Saquarema", um exemplar ainda menor de sua futura portentosa obra. O próprio artista recordou esse encontro em depoimento ao autor.

> Eu estudava harmonia e composição com o maestro Guerra-Peixe e fiz várias músicas praieiras, pois meu ídolo era Dorival Caymmi. E eu compus essa música em Saquarema [na Região dos Lagos, no Rio de Janeiro]. A Leny era muito amiga da minha mãe e nessa época ela era famosa no mundo todo. Eu, com meus 15, 16 anos, já era notado por ela, que dizia: "Esse menino vai ser bom". Minha primeira canção que alguém cantou foi ela. Mas isso foi na época que o Brasil tinha música [risos].[63]

Por outro lado, *Ritmo fascinante* trazia igualmente a cantora bastante mais contida, algo como um gigante numa casa de bonecas, acompanhada de Paulinho, seu piano e pequeno conjunto, com números em ritmo de samba ("Meu protesto", inédita de Aloysio e Nelson Figueiredo, compositores paulistas), samba-canção ("Franqueza", de Denis Brean e Osvaldo Guilherme; "Pensando em ti", de Herivelto Martins e David Nasser, sucessos respectivamente de Maysa e Nelson Gonçalves; o futuro clássico "Por causa de você", de Tom Jobim e Dolores Duran, gravado por dezenas de intérpretes; e a pouco conhecida "Pode ficar", de Hervé Cordovil e Vicente Leporace, já registrada por Carmélia Alves) e até guarânia ("Cabecinha no ombro", êxito de Alcides Gerardi). Embora de nível superior ao do álbum anterior, era um repertório que muito pouco ou

---

63 Depoimento de Juca Chaves ao autor em agosto de 2000.

Num dos poucos momentos em que "se deu ao luxo de ser turista", como diz em bilhete ao crítico do *Jornal do Brasil*. Com o filho Álvaro diante da Catedral de Notre-Dame, em Paris, em 1958.

nada tinha a ver com sua verve interpretativa expressiva. Salvavam-se algumas estrangeiras – "Fascination" (Marchetti, J. Morley), "No sé" (Ivone Ardel), "Because of You" (Arthur Hammerstein; Dudley Wilkinson), "It's Not For Me to Say" e "Chances Are" (esta em versão – "Pode ser", ambas de Robert Allen e Al Stillman) e a delicadeza de "Jangada", outra da dupla Hervé Cordovil e Vicente Leporace. A crítica, entretanto, gostou bem mais.

O crítico mais importante da época, Sylvio Tullio Cardoso, em *O Globo*, inclusive disse que este era "o melhor LP de Leny Eversong que tivemos oportunidade de ouvir", que, "além da feliz seleção dos números, a interpretação da cantora santista reveste-se de uma suavidade e uma sutileza que estiveram completamente ausentes de 'Jezebel' e outras interpretações primitivas". Um preconceito, como se vê, com os cantores explosivos, já que seu público sempre preferiu a Leny mais contundente, embora fosse louvável constatar que a técnica que ela conseguiu burilar com o tempo fizesse com que fosse da interpretação mais sutil à mais histriônica, convencendo o ouvinte em ambas. Sylvio destacou sua gravação de "Fascination" em ritmo de valsa (há outra no mesmo disco em ritmo de beguine) e afirmou que sua versão de "Por causa de você" era, "sem favor algum, a melhor que conhecemos da inspirada composição". Deu quatro estrelas e meia. Claribalte Passos, no *Correio da Manhã*, considerou-o apenas "bom": "Um dos mais agradáveis discos da excelente Leny Eversong. Embora a coletânea musical escolhida em alguns números deixe a desejar, a intérprete paulista cumpre performances dignas de sinceros encômios", elogiando faixas como "Fascination", "It's Not For Me to Say" e a referida "Por causa de você".

Algumas músicas de *Leny em foco* e *Ritmo fascinante* foram gravadas na Barclay francesa e lançadas em Paris tanto num LP de 10 polegadas como em alguns *extended plays*. Nessas canções, pela sonoridade, provavelmente havia Fafá Lemos (violino) e Chiquinho do Acordeon – que anos antes integravam o Trio Surdina (com o violonista Garoto, falecido precocemente em 1955). Entretanto, quando *Ritmo fascinante* chegou às lojas, em agosto de 1958, já não era segredo para ninguém que Leny havia mudado de gravadora no Brasil. Assinou com a paulista RGE, que havia dois anos se colocara no mercado comercialmente, lançando a então *socialite*-cantora Maysa. O primeiro álbum de Leny na RGE, *A internacional Leny Eversong* traria 12 das 18 faixas que gravara não mais na Barclay, mas na Vogue francesa. E eram infinitamente superiores, agora sim, nada contidas, mas bastante explosivas. O disco chegaria às lojas brasileiras dali a dois meses, em outubro.

Interessante que nada na França a impressionou tanto quanto as técnicas de gravação, mais avançadas que as que ela conhecia até então, pois já se podia gravar em dois canais. Em reportagem publicada mais tarde pela *Revista do Rádio*, declarou:

> Quando gravo, a orquestra fica de um lado e eu de outro. A minha voz e a música são captadas isoladamente. Isto é, logo em seguida eu posso ouvir somente a minha voz ou somente a orquestra. Depois de conjugadas ambas, temos a melodia perfeita. Vi também um disco relativamente pequeno, que comporta nada menos de oitenta músicas. Logo mais teremos as obras completas de cada cantor numa só peça. Não é notável isso?"[64]

Mais uma vez sublinhou que a música brasileira até então tinha poucas possibilidades no exterior. "A nossa música é de caráter estritamente regional. Nós não temos melodias exportáveis ainda." Outra coisa que a deixou surpresa é o fato de eles fazerem enxertos musicais. "Eles conseguem somente a voz de qualquer cantor já falecido (no caso) e a reproduzem com orquestração moderna. Aliás, foi o que fizeram com Gigli e Caruso."

No dia 1º de agosto de 1958, às 12h40, Leny aterrissava novamente no Galeão, voltando mais uma vez ao país consagrada por uma turnê de três meses e onze dias pela Europa. A imprensa não podia deixar passar despercebido o fato de que ela havia desembarcado do avião aderindo aos vestidos "linha saco", em moda naquele momento. Leny não perdia a piada e, antes que os jornalistas caçoassem dela, ao ser perguntada se havia aderido à "linha saco", foi logo dizendo aos repórteres, fotógrafos e artistas do rádio que ali a esperavam: "É claro! Eu acho que esta linha até

---

64 *Revista do Rádio*, n. 465, 9 ago. 1958, p. 8.

que me fica muito bem! Sou mesmo um saco!". E riu francamente, deixando todos perfeitamente à vontade. "Fiz uma viagem fabulosa. Cantei em Paris, Cannes, Bruxelas, Amsterdam, Porto Rico e sempre fiz um bruto sucesso", completou, sem modéstia. De fato, só em Porto Rico, atuou por 15 dias em TV e na boate San Juan, depois deu um pulo a Nova York para compromissos de divulgação. Em Bruxelas, cantou na Feira Internacional e na TV belga, e por uma apresentação apenas na Côte D'Azur ganhou o equivalente a 200 mil cruzeiros, uma fortuna à época. Fez, no entanto, apenas uma ressalva à reportagem do *Jornal do Brasil*: "Em todas estas cidades fui recebida com muito carinho e cantei o que sabia. Senti apenas que o gerente do teatro Olympia de Paris não me tivesse deixado cantar em português ali. Mesmo assim cantei em francês e me saí muito bem. E eu não sei falar francês".

Explicou ao jornal *O Globo*, entretanto, que teve de aprender um pouco a língua para cantar e gravar, e que a propósito gravara 32 músicas, inclusive 18 brasileiras, na França. "Uma das melhores gravações que fiz lá e que vocês terão a oportunidade de ouvir foi 'Granada' com orquestra de 60 figuras, sendo 30 violinos e 12 violas." E, efusivamente patriota, bradou: "Estou satisfeita em rever o meu querido Brasil. Isto é que é terra". Após permanecer ali por cinquenta minutos, tendo tempo de dar um beijo em cada admirador, inclusive no pessoal do serviço do aeroporto, subiu novamente no avião da Pan American que a levaria a São Paulo, jogando beijos para o público e sorrindo, alisando seu vestido "linha saco", enquanto César Bahar distribuía entre os presentes discos da cantora com a canção que a Copacabana trabalhava no momento, "Fascination".

Curioso o percurso dessa canção, originalmente uma valsa composta nos idos de 1904 pelo compositor italiano Fermo Danti Marchetti. Mais conhecida em sua versão instrumental, acabou popularizada no Brasil quando Carlos Galhardo a gravou com letra em português com o título de "Fascinação" em 1943. Mundialmente falando, no final da década seguinte voltava ao sucesso com letra em inglês, principalmente graças à sua inclusão na trilha de filmes como *Um amor na tarde* (*Love in the Afternoon*), de Billy Wilder (1957), estrelado por Audrey Hepburn e Gary Cooper. Leny a gravou em dois andamentos diferentes, e dali a pouco a lançaria ainda num terceiro.

Aos poucos, a cantora retomou seu posto nas emissoras brasileiras. Primeiro em setembro, na TV Record, apresentando-se no programa *Espetáculos Leny Eversong*, produzido por Nilton Travesso e Hélio Ansaldo, às quartas à noite, e outros das Organizações Victor Costa, às quais ela voltava temporariamente, mas para atuar só em São Paulo. Achou prudente não renovar contrato com a Tupi, pois seus compromissos internacionais eram cada vez mais numerosos. Os cariocas, entretanto, só a veriam em novembro, quando atuou na famosa boate Fred's, na avenida Atlântica, que ficava na parte de cima de um posto de gasolina, onde anos depois se construiu o Hotel Méridien. Aplaudida de pé, teve a mesma consagração do americano Johnnie Ray, que acabara de cumprir temporada no local.

Num dia de descanso, ao folhear a *Revista do Rádio* ainda teve que ler o seguinte comentário do colunista social Jacinto de Thormes. Ele dizia que as cantoras de rádio precisam emagrecer para obter êxito, mas a excluía desse time: "Se as cantoras soubessem, principalmente as bonitas, como a gordura atrapalha a voz, fariam seguidos regimes. Ou então seriam como Leny Eversong, que não tem pretensões de ser bonita".

Em outra matéria da *Revista do Rádio*, em que posava traçando um pedaço de bolo, a obsessão com o tema continuava. Diziam que "o mais famoso apelido que recebeu nos Estados Unidos foi 'o *tank* que canta'". O repórter lhe indagava se havia emagrecido. Sempre paciente, Leny respondeu: "Perdi alguns quilos, mas não deram para ser notados". Também discorreu sobre a perda de alguns amigos, na certa incomodados com sua ascensão. "As amizades verdadeiras são aquelas que perduram. Não posso dizer que meus melhores amigos brigaram comigo. Prefiro considerar que as amizades perdidas não eram verdadeiras." E ia à forra: "Podem dizer que sou 'mascarada', mas os gordos são como os ricos. Riem à toa". Sobre seu possível pedantismo: "Com o meu peso sou fácil de ser marcada. Não encontro motivo para mudar a rotina de minha vida. Continuo com os mesmos hábitos, virtudes e defeitos".

O mês de outubro chegava e com ele o lançamento no Brasil do LP *A internacional Leny Eversong*, com suas gravações francesas, dessa vez pela RGE, com arranjos do maestro Pierre Dorsey. Entre os destaques, uma arrebatadora interpretação de "Granada" (Agustín Lara), com arranjo bastante jazzístico, diferente da que gravara na Copacabana; *standards* americanos

No intervalo das gravações, em Paris, com o maestro Pierre Dorsey, arranjador do LP que lançaria pela gravadora francesa Disques Vogue.

como "Stormy Weather" (Harold Arlen, Ted Koehler), que ela conhecia dos tempos das primeiras gravações com o maestro Totó; "Solitude" (Duke Ellington, Eddie DeLange, Irving Mills) e "I Want To Be Happy" (Vincent Youmans, Irving Caesar), novamente "Fascination" (Marchetti, J. Morley), o *spiritual* "Swing Low, Sweet Chariot" (*traditional*), sucessos de ocasião, como a francesa "Carmelita" (Jo Moutet, Claude Capez) e "Gitano (Oliva y cristal)" (Carlos Marco, Almero e Carmona) em espanhol, além de uma velha canção do repertório de Francisco Alves, "Esmagando rosas" (Alcyr Pires Vermelho, David Nasser) e o maior sucesso mundial de 1958 na voz de Domenico Modugno, o fox "Volare (Nel blu dipinto di blu)", dele com Franco Migliacci, vertida para o francês, "Au Bleu du ciel bleu" – que ela já havia gravado em versão brasileira num dueto com o cantor estreante paulista Roberto Audi na Copacabana Discos, sendo sua madrinha artística.

Sylvio Tullio Cardoso foi o primeiro a antecipar, em primeira mão, em *O Globo*, que "Solitude" era uma de suas favoritas. "Esta é uma das boas faixas do novo LP de Leny, na qual, ao contrário de 'Granada' e outras, não estende demasiadamente a voz. Quando controla devidamente a sua voz e fraseado, como em 'Esmagando rosas', Leny é uma cantora excelente, com um *feeling* e um estilo que lembram bastante a Adelaide Hall". Já Maurício Quádrio, no *JB*, disse que o LP tinha altos e baixos, "números de interpretação rebuscada" e outros que, segundo ele, pareciam ter sido "preparados apressadamente".

"Granada", que constituiu um dos pontos altos de um dos seus últimos LPs da Copacabana, aparece aqui melhorada, menos selvagem, mais trabalhada na interpretação, goza também de um acompanhamento do mais alto padrão. "Esmagando rosas" é outro belo número deste *long play*. Pelo contrário, em "Véronique" falta, na nossa opinião, a elegância sutil dos verdadeiros *chansonniers*, com suas delicadas nuances. O mesmo diga-se de "Stormy Weather", cantada com o ímpeto selvagem de uma "Jezebel". Ótimos, por sua vez, o *spiritual* "Swing Low, Sweet Chariot" que Burleigh recolheu e arranjou em 1917 (Burleigh foi quem inspirou Dvořák a compor a *Sinfonia do Novo Mundo*) e "Solitude", um dos sucessos de [Duke] Ellington de 1934. Menos acertado o espírito mediterrâneo na versão francesa de "Azul pintado de azul", sucesso do Festival de San Remo deste ano. Muito bem interpretada e cheia de vida "I Want To Be Happy". [...] Bem focalizado o espírito afro-cubano de "Gitano" de Oliva y Cristal. Um compositor da atualidade, aliás, um dos mais apreciados *band-leaders* franceses, Jo Moutet está presente nesta seleção com "Carmelita", que constituiu uma das melhores faixas de músicas francesas de Leny neste disco. Segue-se a tradicional "Fascinação", de Marchetti, alterada em seu ritmo, o que provoca deformações no desenho melódico tão belo em sua forma original. Com o nome de Cole Porter encerra-se a face A do disco [...] com a famosa "Ça c'est l'amour", bem interpretada por Leny Eversong, mas para a qual fazemos algumas reservas no final por aquele som gutural que podia ser evitado. Ótima a realização técnica do disco: um pouco vulgar a capa, por demais cheia de coisas e de cores.[65]

65 *Jornal do Brasil*, coluna Discos Populares, 20 dez. 1958, 1º Caderno, p. 8.

No ano seguinte, a gravadora Seeco lançaria nos Estados Unidos o LP (de 12 polegadas) *The Swinging Leny Eversong*, com 10 das 12 apresentadas no LP da RGE. No lugar de "Véronique" (Pierre Dorsey) e "Ça c'est l'amour" (composta por Cole Porter para o filme musical *Les Girls*, de George Cukor), cantadas em francês, uma versão francesa (de Thoreau) – "Pourquoi?" – para a americana "Why Don't They Understand?" (Jack Fishman, Joe Henderson), celebrizada pelo cantor country George Hamilton IV, e a brasileira "Um tiquinho", de Inara Simões de Irajá. A propósito desta última, ainda no final de 1958, sua antiga gravadora, Copacabana, lançava um álbum coletivo, "Cinco estrelas apresentam Inara", em que procurava promover o trabalho da jovem compositora paulista, que infelizmente nos deixou cedo, sem tempo de consagrar-se. O LP contava ainda com Inezita Barroso, Elizeth Cardoso e duas cantoras mais de rádio e menos de disco, Marita Luizi e Juanita Cavalcanti.

Nesse LP, Leny interpretava, entre outras, "Água do céu", que a compositora adaptou do folclore, e o feroz crítico José Ramos Tinhorão, décadas depois, acusou Tom Jobim de ter plagiado para compor, 14 anos depois, "Águas de março", em 1972. Um exagero típico do jornalista que nunca tolerou estrangeirismos na música brasileira, principalmente da vindoura bossa nova. A cantora chegou a gravar outras músicas de Inara em seus discos, como "Natureza fala por mim" e "Escala de cores", essa última lançada no lado B de um 78 rotações da RGE, no mesmo mês de outubro do LP *A internacional*, juntamente com o rock-balada "Sereno". Entretanto, foi exatamente o lado A que teve mais repercussão. Quando ela entoa a primeira palavra da música "Seeeeeereno...", nota-se que a cantora teve de distanciar-se bons centímetros do microfone para não explodir as frequências.

A composição é de Aloísio Teixeira de Carvalho, diretor de chanchadas, como *Tem boi na linha* e *O batedor de carteiras*, e o responsável pelo sucesso do comediante Zé Trindade no cinema. Curiosamente, a música foi lançada não por Leny, mas pelo cantor pernambucano Paulo Molin, que ele convidou para cantá-la em outro filme de sucesso do gênero, *Minha sogra é da polícia* (1958). Em depoimento ao autor, Aloísio explicou um detalhe interessante sobre o novo gênero musical que despontava naquele tempo.

O mercado norte-americano recebia seu segundo álbum lançado por lá, "The swinging Leny Eversong", em 1958.

Quando "Sereno" estourou e eu precisei gravá-la no [selo pernambucano] Mocambo, procurei o Edmundo Peruzzi, que fazia os arranjos para os meus filmes, que estava em São Paulo fazendo um LP. Ele me indicou então o maestro Carioca. Originalmente era uma canção, tipo uma serenata. O Carioca quando ouviu disse: "Peraí, essa música se presta a um novo ritmo que está aí e que vai bem, vou fazer disso um rock-balada". Daí ele recriou a música e pegou. Um tempo depois, o jornalista Edel Ney, que virou meu agente, me trouxe o disco com a gravação da Leny Eversong, com aquele vozeirão. Foi uma surpresa.[66]

Ao final do ano de 1958, o programa *Melhores da Semana*, da Tupi, teve uma edição de gala no Teatro João Caetano, no Rio, apresentando os

---

66 Entrevista de Aloísio T. de Carvalho ao autor em fevereiro de 2015.

melhores não da semana, mas do ano. Leny ganhou o prêmio de Embaixatriz da Música Brasileira no Exterior. Curiosamente, não cantou uma canção brasileira, e sim sua versão francesa de "Volare (Nel blu dipinto di blu)". Sylvio Tullio Cardoso contemplou com o "Disco de Ouro" sua "Fascination" (em valsa) como um dos melhores discos de música estrangeira do ano (pois foi lançado também em 78 rpm). Ela dividia os louros com pesos-pesados da época, na visão do crítico, como Nat King Cole (seu LP daquele ano na Capitol), Doris Day ("Day by Night" e "Moonglow"), Pérez Prado (LP *O rei do mambo*), Ella Fitzgerald e Louis Armstrong (o LP da dupla), Stan Getz (LP *Cool Jazz*), Johnny Mathis ("Wild is the Wind", "Angel Eyes" e "Chances Are"), Frank Sinatra ("The Lady Is a Tramp" e "All the Way"), Domenico Modugno ("Nel blu dipinto di blu"), Orquestra de Ray Conniff (os LPs *'S Wonderful* e *'S Marvelous*), Sammy Davis Jr. (LP *Romance para dois*), Caterina Valente e orquestra de Sy Oliver (seu LP da Polydor) e o pianista Erroll Garner (LP *Concert by the Sea*).

No primeiro semestre de 1959, Leny continuou alternando entre São Paulo e Rio e lançou pela RGE mais algumas faixas avulsas, duas excelentes, em ritmo de rock-balada num 78 rpm, em que ela mostrava toda sua excelência interpretativa: "Concerto de Varsóvia (Warsaw Concerto)" (composta em 1942 por Richard Addinsel para o filme *Dangerous Moonlight*, de Brian Desmond Hurst, sendo sucesso dez anos depois com o pianista Liberace, e que acabara de ganhar uma letra de Carl Sigman, sendo rebatizada como "The World Outside") e "It's Only Make Believe" (de Jack Nance, com o cantor country Conway Twitty, com quem estourou). Gravou ainda um samba dissonante, talvez já influenciado pela bossa nova que João Gilberto acabava de disseminar, "Bem, bem, bem", lançado também no compacto duplo *É hora de ouvir Leny Eversong* no ano seguinte. Todas bem conceituadas pela crítica.

O "show do ano" em Las Vegas

Pela quarta vez, Leny embarcava para o hemisfério norte. Agora de volta aos Estados Unidos. Sua partida dessa feita foi sem muito alarde. A imprensa nacional só se deu conta realmente quando em agosto começaram a chegar as notícias de mais um retumbante sucesso em Las Vegas. Sobre seu novo espetáculo, exibido mais uma vez no Thunderbird, a populariíssima revista *Time* dizia o seguinte: "A integridade artística do espetáculo é salva pela presença de Leny Eversong, uma mulher brasileira de idade dificilmente determinável, mas de tamanho inevitável (aproximadamente 140 quilos)". E seguia elogiosamente: "De algum ponto entre seus cabelos louro-morango e seu vestido prateado, ela produz uma voz rica e cheia, com uma sensibilidade rítmica reminiscente de Mildred Bailey. Sozinha ela vale o preço do ingresso". E não acabava por aí. Afirmava simplesmente que "depois de Marlene Dietrich e Frank Sinatra, a melhor atração para ser vista atualmente nos palcos daquela cidade é a cantora brasileira Leny Eversong, no Thunderbird". Jim Murray, gerente da Music Corporation of America (a maior organização de empresários teatrais e agentes do *show business* americano de então) em Las Vegas, declarou: "Ela é sensacional, é um sucesso incomum. Se ela desejasse, poderia permanecer aqui o ano inteiro".

A coluna do Ouvinte Desconhecido de *O Globo* recebeu uma carta de J. Antônio D'Ávila, ex-diretor de Leny na Rádio Tupi, que estava em Las Vegas para conferir com seus próprios olhos o desempenho de sua antiga contratada, descrevendo com entusiasmo o êxito da cantora no show *Ecstasy on Ice*, em que aparecia no cartaz como "Dynamic New Brazilian Singing Star", destacando-se no mesmo ambiente onde brilhavam o comediante Red Skelton e o cantor Frankie Laine. E com a carta veio num recorte de jornal longa crônica de duas colunas assinada pelo colunista Les Devor, do *Las Vegas Review-Journal*, toda dedicada à cantora paulista, onde lemos com prazer coisas assim:

> Miss Eversong é mulher grande, com voz proporcional ao tamanho. Ela tem um esplêndido senso de ritmo e de jovialidade. Interpreta todo um repertório que vai de "Tenderly" a "Jezebel" com uma arte de recitalista em concerto. O seu registro nas notas altas tem o impacto emocional que só encontramos entre os maiores cantores. O Hotel Thunderbird pode julgar-se feliz por ter podido apresentá-la em pessoa ao público de Las Vegas. Miss Eversong figura sem dúvida na categoria dos maiores astros da canção.[67]

Apresentada como "A nova e dinâmica estrela cantante brasileira", ela, a exemplo do que ocorrera em Paris, foi novamente consagrada com pompa e circunstância por unanimidade por toda a crítica americana. O pianista Pedrinho Mattar, que a acompanhou nesse show, concedeu ao autor um depoimento preciso (e precioso), relatando toda a comoção que a cantora causou na plateia americana – a comum e a de famosos.

---

67 *O Globo*, coluna Nós, os Ouvintes, 21 ago. 1959, 2ª Seção, p. 5.

Acompanhei a Leny no show *Ecstasy on Ice*, em Las Vegas, no ano de 1959. Era um espetáculo de patinação no gelo em que lá pelas tantas uma plataforma ia subindo do subterrâneo do palco do cassino até o nível da plateia e ela aparecia como a estrela do show. Ficamos vários meses em cartaz, de segunda a segunda, sendo dois shows por noite, e aos sábados três. Abríamos com "Granada", depois executávamos números como "Tenderly", "Jezebel", "I Cried for You", "Volare", "El cumbanchero", e encerrávamos com "Aquarela do Brasil". Judy Garland, Jimmy Durante, Frank Sinatra e Sammy Davis Jr. foram alguns dos astros que foram cumprimentá-la ao final do espetáculo. Ela era idolatrada por lá.[68]

De fato, a indústria do *show business* americano não tinha limites nesse tempo. Fazia seus artistas cantarem diariamente. Leny, aos sábados, realmente chegava a ter três entradas: às 20h15, à meia-noite e, finalmente, a última às 2h15 da madrugada. A parte instrumental ficava a cargo de Al Jahns and His Orchestra. "Houve um único dia que minha mãe não pôde cantar, sabe quem a substituiu? Sarah Vaughan. Havia também sempre um dia, às segundas, que, após os shows, minha mãe ia aos outros cassinos assistir aos colegas. Ela chegou a dar canja na orquestra de Count Basie, que estava no Riviera", relembrou Álvaro, filho da cantora, que viajou a seu lado nessa turnê[69]. Vale lembrar que Sarah, nessa altura, estava em cartaz no *lounge* de um cassino (Flamingo), um palco menor num ambiente em que havia jogo, e não no palco principal, como Leny.

Ele disse ainda que, quando chegaram a Las Vegas – tanto em 1957 quanto nessa vez, onde moraram por seis meses na famosa Sunset Boulevard –, as pessoas não acreditavam que fossem brasileiros. "Eles achavam que só havia negros no Brasil, pois o Itamaraty só mandava escolas de samba para lá...", explica, afirmando que, na primeira vez, sua mãe fez sessenta shows, mas, nessa segunda temporada, foi contratada para fazer quatro semanas, porém o sucesso foi tanto, que acabou ficando 16: "Foram 240 apresentações em 16 semanas! A Elizabeth Taylor foi assistir ao show; o Sammy Davis Jr. foi, tanto que ficou amigo da minha mãe, inclusive nos

---

68 Entrevista de Pedrinho Mattar ao autor em 2001.
69 Entrevista de Álvaro Augusto ao autor em novembro de 2012.

124 A incrível história de Leny Eversong ou A cantora que o Brasil esqueceu

encontramos anos depois em São Paulo e ele autografou todos os meus discos". Ele conta que *Ecstasy on Ice* foi eleito o melhor show de 1959 em Las Vegas pelos próprios artistas. E que, no aeroporto, quando as pessoas chegavam à cidade da jogatina, esse show era indicado como o melhor para os turistas: "Os artistas se reuniam uma vez por mês no Cassino Riviera, que era ao lado do Thunderbird, onde tocava a orquestra do Lionel Hampton, e eles mesmos o elegeram o show do ano".

Álvaro diz que a mãe sempre exigia a inclusão de alguma canção brasileira em suas apresentações e que nesse show a escolhida foi a eterna "Aquarela do Brasil". Também cantava "Mack the Knife" (Kurt Weill, Bertolt Brecht), que estourava na época na voz de Bobby Darin, e que ela, numa das noites, após o show, teve uma grande emoção. "O Agustín Lara, compositor de 'Granada', foi procurá-la com lágrimas nos olhos no camarim, para lhe agradecer. Disse que foi a melhor interpretação que tinha ouvido da música dele."

Em setembro, o LP *The Swinging Leny Eversong* (Seeco) foi recebido com entusiasmo pela revista *Cash Box*, importante revista norte-americana de música da época, e, no mês seguinte, o compacto com "I Want To Be Happy" e "Ça c'est l'amour" foi selecionado para o quadro "Os melhores da semana" na mesma publicação.

No final do ano, no Brasil, a revista *O Cruzeiro* publicou uma matéria sobre o show *Ecstasy on Ice* estampando uma inacreditável manchete, com o seguinte depoimento da cantora: "Quero voltar para o Brasil. Para comer feijão com arroz, bife e batatas fritas". Mais brasileiro que isso só Carmen Miranda desabafando nos idos de 1940 que "enquanto houver Brasil, na hora das comidas, eu sou do camarão e ensopadinho com chuchu"[70]. De fato, a cantora detestava ficar tempo demais em turnê fora do país e essa até então havia sido a mais longa. A matéria esmiuçava

Postal do show *Ecstasy on Ice*, no Thunderbird de Las Vegas, em 1959. No repertório, "Aquarela do Brasil" (Ary Barroso), "Granada" (Agustín Lara) e "Mack the Knife" (Kurt Weill, Bertolt Brecht).

70 Versos do samba "Disseram que voltei americanizada" (Vicente Paiva, Luiz Peixoto).

que Leny ganhava 5 mil dólares por semana e publicava na íntegra uma carta endereçada ao colunista Jurandir Chamusca, cujo conteúdo deixava o desabafo de Carmen com ares de peça infantil. Leny achincalhava parte da crítica que a esnobava, detalhava minuciosamente quanto estava ganhando, falava do contrato com a Seeco, do repertório apresentado no Thunderbird e que, até 18 de novembro, já havia feito a bagatela de 242 shows, tendo cantado um total de 1.694 canções.

> Quando recebi a proposta para vir cantar em Las Vegas, eu tinha em mãos convites para cantar em Punta del Este, Argentina, Uruguai, Chile, Bolívia, Venezuela e Colômbia. Tive de escolher: ou percorrer a América do Sul inteirinha ou aceitar apenas quatro semanas em Las Vegas. Pensei, pensei e decidi. O resto você sabe. As quatro semanas transformaram-se em quatro meses. Comecei ganhando 2.000 dólares por semana, depois passei para 2.500, 3.500 em seguida e por fim 5.000. A proposta deles (para 1960) é de 1 milhão de cruzeiros por semana. É "big", não? Hein? Que tal a gorda?! Elogios sobre a minha voz aqui é negócio muito sério. Gostaria de ver a cara de certas pessoas, que dizem que eu grito, que minha voz parece estática, lendo as críticas que críticos exigentes e competentes escreveram sobre a minha voz e sobre a minha arte e personalidade, á! á! á! Nada como um dia depois do outro. Deixemos pra lá... [por telegrama, Las Vegas, 11 nov. 1959, via Varig].[71]

No dia 29 de novembro, Leny regressou "cansada de tanto sucesso" ao Brasil. O título capcioso da matéria do jornal *O Globo* tinha algum fundamento. "'Interrompi a temporada porque estava cansada de tanto cantar' – disse-nos Leny Eversong ao desembarcar no Galeão. 'Durante quatro meses dei dois shows por dia e três aos sábados. Não podia mais. Assim mesmo, fui convidada para voltar em abril próximo. Acho que irei.'" A reportagem esmiuçava que, durante a temporada da cantora brasileira, passaram por Las Vegas outros cantores e atores de fama internacional, como Anthony Martin, Zsa Zsa Gabor, Judy Garland, "os quais, todavia, não conseguiram manter-se em cartaz ali por mais de uma semana".

---

71 *O Cruzeiro*, 12 dez. 1959, p. 128.

No verso do postal que anunciava o show, Leny escreveu a "cola" da letra de "Granada", de Agustín Lara. Tinha pânico de esquecer as letras das canções. No final, a anotação do tom: lá maior.

Ela foi recebida no aeroporto por um grupo de amigos, que incluía Benil Santos, então subgerente da RGE (que se tornaria importante empresário de cantores nos anos 1960) e a cantora paulista Elza Laranjeira.

A cantora fechou o ano de 1959 com um elogio que valia ouro. O cantor Billy Eckstine, em turnê pelo Brasil, declarou o seguinte à *Radiolândia*:

Das cantoras brasileiras conheço uma: Leny Eversong. Ela, na minha opinião, é uma das melhores cantoras do mundo. Nos Estados Unidos não temos uma cantora do porte, da magnificência de Leny Eversong. Ela é simplesmente fabulosa e, como se ainda precisássemos de provas, suas cinco audições no *Ed Sullivan Show* já serviriam.[72]

72 *Radiolândia*, n. 296, 5 dez. 1959, p. 15.

Após ganhar "menção honrosa" no Troféu Disco de Ouro, da revista *Radiolândia*, foi eleita a "Melhor Cantora *Norte-americana* [grifo meu] de 1960" por uma publicação de Bruxelas (o que já havia ocorrido também na Holanda, dois anos antes, segundo Álvaro, por um disco editado pela Telefunken com as gravações de sua mãe nos Estados Unidos). Leny, enfim, voltou às atividades no país, dessa vez atuando às segundas na TV Paulista, às terças na TV Itacolomi, de Belo Horizonte, e às quartas na Tupi do Rio, além de algumas exibições na TV Piratini, de Porto Alegre. Foi assim durante todo o primeiro semestre de 1960. "Com sua opulenta figura, voltou Leny com a voz tão generosa quanto 'os quilinhos' que a natureza lhe deu", elogiava, sempre citando sua gordura, o *Correio da Manhã*.

Pegando carona no sucesso da cantora na terra americana do jogo, a RGE tratava de editar um *extended play*, *Leny em Las Vegas*, com a tarantela italiana "Marina", de Rocco Granata – um *hit* internacional que ficou alguns meses na parada brasileira em sua voz, dividindo os louros com Cauby Peixoto, que logo o regravaria, mas com letra em português –, o rock-balada "Don't You Know" (Bobby Worth), lançado por Della Reese, e as jazzísticas "Lazy Bones" (Johnny Mercer, Hoagy Carmichael), do repertório de Mildred Bailey, Louis Armstrong, Rudy Vallée e Ben Bernie, e "Mack the Knife (Moritat)" (Kurt Weill, Bertolt Brecht), composta para a *Ópera dos três vinténs* em 1928 e revivida mundialmente na ocasião por Bobby Darin. Dessa vez, as canções foram gravadas no estúdio da gravadora RGE, de excelente qualidade técnica, com um acompanhamento não menos competente, a orquestra de Enrico Simonetti, maestro italiano radicado à época em São Paulo. Como não havia crédito dos músicos e orquestrador no compacto, qualquer pessoa poderia jurar ter sido um disco gravado no exterior. As três primeiras estariam também em seu novo LP, lançado somente em setembro.

A maior novidade do momento, entretanto, era que Leny fora convocada para abrir o show de inauguração da nova capital federal do país, Brasília, a menina dos olhos do presidente Juscelino Kubitschek, o que se deu em março de 1960. "O sr. Carlos Machado comunica-me que seguindo a nossa sugestão, Leny Eversong cantará 'Aquarela do Brasil' acompanhada pela orquestra, abrindo o espetáculo", informou o colunista social Ibrahim Sued em *O Globo*. Seu filho Álvaro, porém, disse que a apresentação teve problemas. Segundo ele, sua mãe ficou malvista por parte da classe artística mais politizada por estar fazendo sucesso nos Estados Unidos. "Cortaram o microfone dela na apresentação em Brasília. Foi uma sabotagem. Ela teve que gritar. Cantou sem microfone, num campo aberto".

A cantora até tentou ser simpática ao novo empreendimento. Chegou a se apresentar na filial da boate Macumba na nova capital, mais tarde mostraria fotos da nova cidade em programas que gravaria na TV americana e chegou a ser criticada pelo Ouvinte Desconhecido em *O Globo* por um número de seu programa da TV Tupi alusivo à cidade. "Sem necessidade alguma, pois está artisticamente acima dessas *patriotecadas* vulgares, a nossa Leny encaixou entre as melodias apresentadas um marotíssimo samba *alantejolado* (talvez encomendado pelo serviço de relações públicas da NOVACAP) intitulado 'Vem pra Brasília'. Não esperávamos aquilo da Leny Eversong." Em maio, entretanto, com sua franqueza habitual, não deixou barata sua impressão sobre a cidade ao *Correio da Manhã*: "Aquilo lá é o cúmulo da falta de conforto e de tudo".

No segundo semestre, voltou a percorrer os céus do mundo em nova turnê. Dessa vez foi a Caracas, para a seguir voltar ao Thunderbird de Las Vegas, enquanto sua colega de gravadora, Maysa, foi a primeira cantora brasileira a se apresentar na TV japonesa, seguindo também para os Estados Unidos, onde, ao contrário de Leny, gravou um LP sem maior repercussão.

Em paralelo, a RGE finalmente editava um dos melhores álbuns da cantora, *Fabulosa!!!*, trazendo, além das citadas do compacto *In Las Vegas*, o bolero mexicano "Sabor a mí" (Álvaro Carrillo), a italiana "Mai dire mai" (Aldo Salvi, C. G. Testoni), a balada "Sol de verão" (Max Steiner em versão de Nazareno de Brito), tema do filme *A Summer Place*, de Delmer Daves; os foxes "Symphony" (Alex Alstone, Jack Lawrence), do repertório de Marlene Dietrich, e "I'm Yours" (Robert Mellin), já gravado por Eddie Fisher; o samba-canção "Exemplo" (Lupicínio Rodrigues), cujo registro rivalizou com o de Jamelão, da mesma época; a jazzística "Quando vien la sera" (A. Testa, C. A. Rossi) e duas bobagens vertidas para o português, "Carina" (R. Poes, Testa) e "Oui, oui, oui, oui"

(Hubert Giraud, Pierre Cour em versão de Fred Jorge), que nada deixavam a dever ao repertório *teen* de Celly Campello, estourando na época com "Banho de lua (Tintarella di luna)".

Mais uma vez, Claribalte Passos cobria a cantora de elogios, classificando o álbum como "um soberbo concerto de música popular", com seleção musical "digna da simpatia e do gosto do nosso público fonográfico" e arranjos "expressivos" da "irrepreensível orquestra RGE liderada por Simonetti". Briabre, no *Diário da Noite*, considerava o disco "um *bouquet* de melodias internacionais muito bem gravadas e melhor interpretadas". Só lamentava que a cantora fosse "mais querida e admirada lá fora do que no Brasil". Aliás, o Ouvinte Desconhecido voltaria ao tema no mês seguinte, rezando na mesma cartilha do colega: "Enquanto o sucesso internacional de Leny é mantido discretamente na penumbra aqui no Brasil, qualquer excursãozinha de oito dias a Buenos Aires ou ao Estoril das cotovias equipadas com fã-clubes enche os noticiários das emissoras, merece entrevistas e todo o resto da encenação de praxe".

Dessa vez, o show de Las Vegas chamava-se *Follies Americana* e também trazia patinação no gelo. Nesse espetáculo, pelo qual faturou algo em torno de 7 milhões de cruzeiros, a plateia toda ficava em silêncio hipnotizada até que, ao finalizar entoando um trecho da ópera *Rigoletto*, de Verdi, com um arranjo especial, as palmas explodiam. No Brasil, porém, menos palmas e mais piche. A polêmica no Brasil se deu após a cantora aparecer numa foto no *Diário da Noite* numa sala de aula, dizendo que estaria finalmente aprendendo o idioma da terra que tanto a consagrava:

> Essa gorda aí, com ar de primeira da classe, é Leny Eversong; ela está atuando em *Follies Americana*, no Thunderbird Hotel, em Las Vegas, e decidiu ir estudar inglês numa das mais famosas escolas daquela cidade. Isso porque Leny, que canta em inglês, só aprendeu foneticamente as letras das canções. Não sabe o que elas dizem.[73]

73 *Diário da Noite*, 26 set. 1960, p. 2.

Leny fingindo estudar inglês, nos EUA, em setembro de 1960.

O cronista Stanislaw Ponte Preta (Sérgio Porto), no mesmo jornal, tratou de zombar da cantora:

> Agentes desta informativa em Las Vegas informam que a gigantesca Leny Eversong deu uma entrevista explicando que vai aprender inglês, porque "não sabe o que canta". Primo Altamirando leu a notícia e comentou com sua proverbial maldade: "O problema dela não é saber o que canta e sim saber cantar. E não há de ser aprendendo inglês que ela vai desconfiar disso".[74]

Em Las Vegas, porém, as propagandas pagas em revistas ou distribuídas nos lugares turísticos com o anúncio do show contradiziam Stanislaw.

---

74 Stanislaw Ponte Preta, *Diário da Noite*, 29 set. 1960, p. 13.

No auge, posa em frente ao cartaz de seu terceiro show em Las Vegas, em 1960.

132 A incrível história de Leny Eversong ou A cantora que o Brasil esqueceu

Acumulavam o êxtase da crítica das três temporadas da cantora com uma vasta lista de elogios da imprensa norte-americana:

What the critics say about Leny Eversong...

"A voice of great power and beauty that fills the stillness of this room until every corner rings and vibrates" – **Alpert, *L.A. Times***

"A voice of such quality and range that the audiences are left limp with emotional satisfaction" – **Forrest Duke, *Variety***

"The great reviews are not great enough, she's even greater" – **Gene Tuttle, *Las Vegas Review-Journal***

"Voice as big as the Amazon, where she was born" – ***Beverly Hills Citizen***

"What she does to 'Granada' is the best thing that ever happened to a song" – ***Hollywood Reporter***

"Leny Eversong sings with the force and fury of an erupting volcano, an absolute MUST" – **Ralph Pearl, *Las Vegas Sun***

"Boy, how Leny Eversong can sing – I want to go again to hear her" – **Louella Parsons**

"All by herself – worth the price" – ***Time Magazine***[75]

---

75 *Ken's Spotlight on Las Vegas*, 20 ago. 1960. "O que os críticos dizem sobre Leny Eversong... 'Uma voz de grande poder e beleza que preenche a quietude desta sala até que cada canto soe e vibre' – Alpert, *L.A. Times*. 'Uma voz de tal qualidade e alcance que o público fica embevecido de satisfação emocional' – Forrest Duke, *Variety*. 'As ótimas críticas não são boas o suficiente, ela é ainda maior'– Gene Tuttle, *Las Vegas Review-Journal*. 'Voz tão grande quanto a Amazônia, onde ela nasceu' – *Beverly Hills Citizen*. 'O que ela faz com 'Granada' é a melhor coisa que já aconteceu com uma música' – *Hollywood Reporter*. 'Leny Eversong canta com a força e a fúria de um vulcão em erupção, é absolutamente imperdível!' – Ralph Pearl, *Las Vegas Sun*. 'Rapaz, como a Leny Eversong canta! – Quero voltar para ouvi-la' – Louella Parsons. 'Sozinha – já vale o preço' – *Time Magazine*" (em tradução livre).

No Brasil, ao menos a revista *Manchete* honrou seu nome e todo seu estrondoso sucesso com uma matéria de quatro páginas e fotos espetaculares cujo título era: "Las Vegas, outubro de 60 – No confronto dos cartazes dos nomes internacionais a brasileira Leny Eversong não sai perdendo". A seguir, mostrava a cantora posando na mesma perspectiva diante dos cartazes de seis grandes shows, inclusive o dela, mostrando que seu nome tinha tanto destaque quanto o de ícones da época como Frankie Lane, Harry James e Sammy Davis Jr. A propósito, ostentava fotos da cantora com os dois últimos e com o astro do jazz Lionel Hampton, e também andando num carro antigo ao lado do patinador Phil Richards, que tomava parte no mesmo espetáculo.

Caros amigos – O calor aqui em Las Vegas está horrível! O termômetro oscila diariamente entre 44 e 50 graus, à sombra [...] (É de torrar passarinho voando!). Por essas e por outras não pretendo reformar o meu contrato com o Thunderbird. Embora eles insistam eu continuo no firme propósito de encerrar minha temporada neste recanto agitado do estado de Nevada. Se com este calor mal consigo falar, quanto mais cantar. Marly Hiks, o diretor-geral do cassino onde trabalho, está desesperado.

Quando eu digo que ele está desesperado, está mesmo, não é exagero, não. Para que vocês tenham uma ideia da importância desta brasileira aqui em Las Vegas, basta dizer que meus principais concorrentes, no momento, são Sammy Davis Jr., Frankie Laine, Billy Eckstine, Dan Dailey (sapateador, cantor e astro de cinema), Harry James (que em breve irá ao Brasil) e Lionel Hampton (o homem é um monstro! Espetacular!). Aliás, ele deu um jeito e veio me assistir. Modéstia à parte, ficou louco por mim. Tem mais: Louis Prima e Keely Smith, Folies Bergère, Lido de Paris, Billy Daniels e outros. Já passaram por aqui durante a minha estada: Red Skelton, Sarah Vaughan, Dean Martin, Gary Crosby, Frankie Vaughan, The Mills Brothers, Pérez Prado, Danny Kaye, Tereza Brewer, Roberta Sherwood e Diana Doors. A concorrência, como vocês já puderam perceber pela quantidade de nomes famosos, é bárbara!

O espetáculo em que estou me apresentando chama-se *Follies Americana*, levado à cena no "Turquoise Room" (gostaram do nome?) do Hotel Thunderbird, duas vezes por noite. A crítica tem sido maravilhosa comigo. Ralph Pearl, comentarista implacável do *Las Vegas Sun*, escreveu: "Leny

Las Vegas, outubro de 60

LENY EVERSONG PASSEIA NUM CARRO DO SÉCULO PASSADO EM FRENTE AO FAMOSO THUNDERBIRD. AO LADO, PHIL RICHARDS, PATINADOR DO SHOW "ICE ESPETACULAR".

"Caros amigos — O calor aqui em Las Vegas está horrível! O termômetro oscila diàriamente entre 44 e 50 graus, à sombra, com uma umidade comparável à do Rio de Janeiro. (É de torrar passarinho voando!) Por essas e por outras não pretendo reformar o meu contrato com o Thunderbird.

SEGUE

Nas páginas da revista *Manchete*, de 15 de outubro de 1960, Leny Eversong posa com o patinador Phil Richards em frente ao Thunderbird de Las Vegas.

O "show do ano" em Las Vegas | 35

136 A incrível história de Leny Eversong ou A cantora que o Brasil esqueceu

A mesma reportagem da *Manchete* mostrava que os jazzistas Lionel Hampton e Harry James e o cantor Sammy Davis Jr. tiraram uma folga para vê-la no show *Follies Americana*.

Eversong, este rotundo cenário sul-americano, lembra-me um vulcão em erupção quando começa a entoar, espetacularmente, as primeiras notas de uma melodia". Gene Tuttle, do *Las Vegas Review-Journal*, foi ótimo: "Leny Eversong venceu, cantando, a barreira da língua. O público não pode imaginar que esta cantora mal fala o nosso idioma, mas quando ela começa a cantar 'Mack the Knife' um repórter como eu sente-se na obrigação de apurar de quem se trata". Este é só o começo de uma entrevista simpaticíssima que ele fez comigo.

E agora vem o melhor. O *Variety*, jornal dedicado aos espetáculos, que já fez e derrubou muitos ídolos, publicou o seguinte: "Miss Eversong é uma mulher grande, dona de uma grande voz. Ela impressiona o público cantando em diversos idiomas. Quando canta em inglês, apesar de fazê-lo foneticamente, sua maneira de sublinhar e de dar ênfase às palavras é tão perfeita que ninguém é capaz de notar a diferença entre ela e uma cantora americana". Que tal?[76]

Em seguida, a cantora descreve suas impressões sobre a cidade de Las Vegas ("um lugar bem diferente de tudo aquilo que se possa imaginar e escrever a seu respeito"), enfieirando suas características, como seu funcionamento 24 horas por dia, o fato de ser o paraíso das máquinas "caça-níqueis" ("As máquinas estão espalhadas nos restaurantes, no aeroporto, na gare e nos *drugstores*") e de ter ali "a maior represa do mundo", para logo destilar um veneno: "Os americanos (que não conhecem a Europa) chamam-na de a oitava maravilha do mundo" e justificar que, apesar de estar localizada bem no meio do deserto de Nevada, há muito conforto: "Nunca falta água e luz em Las Vegas, piscina não é objeto de luxo e ar refrigerado é o que há de mais corriqueiro". Ela avisava que estaria de volta ao Brasil até o final do ano e que, no máximo, pararia em Caracas por duas semanas: "Não é nada, não é nada, estão me oferecendo 5 mil dólares semanais, viagem e estada pagas para quatro pessoas, tudo livre de impostos e comissões. Duas semanas de pouco trabalho e 2 milhões de cruzeiros limpinhos! Estou de olho nisto...".

76 *Manchete*, n. 443, 15 out. 1960, pp. 41-4.

Na TV americana, em 1960, mostra fotos da nova capital do Brasil, Brasília.

Finalmente, deixou claro estar exausta de tanto trabalho e frisou seu lado patriota, divulgando a nova capital do Brasil.

A verdade é que canto desde os 12 anos de idade e estou ficando velha e cansada. Meus agentes acham que eu devo ficar na América pelo menos dois anos seguidos. Não querem compreender quando, no melhor da festa, eu fecho as malas e lhes digo: vou embora! Estou cansada! Como o lema aqui é morrer em cena, eles não podem entender mesmo a minha atitude. Falando sério, me agarrou uma estafa danada. Trabalhei um ano inteirinho sem parar. Estou louca para não fazer nada durante algum tempo.

Antes que eu me esqueça: fui entrevistada num programa de televisão e falei o tempo todo sobre Brasília, JK e *Manchete*. O público ficou impressionado com a nossa nova capital e um mundo de telefonemas choveu

Leny em momentos de descontração por Las Vegas, onde se apresentava pela terceira vez, em 1960.

no estúdio. Muita gente queria saber se poderia ganhar dinheiro abrindo restaurantes italianos em Brasília. Respondi que sim. Fiz bem?

Um grande abraço da Leny.[77]

Leny aterrissou no Brasil em novembro de 1960, indo dias depois cumprir temporada na boate Macumba, de Brasília (apesar de suas ressalvas com a cidade), lá se exibindo também em televisão para depois retomar suas atividades no Rio, Belo Horizonte e São Paulo, onde estreou no Golden Ball, numa temporada de vinte dias. Enquanto isso, foi informada que seu nome estava entre os vencedores do Prêmio Cidade de São Sebastião do Rio de Janeiro – Os Melhores do Disco Nacional, como Artista Nacional de Maior Sucesso no Exterior. A entrega, todavia, se daria somente no ano seguinte, em abril, no Teatro Municipal do Rio. Mas esse foi o menos relevante dos eventos que o ano vindouro lhe proporcionaria.

Publicidade do Thunderbird apresenta destaques da opinião da crítica dos EUA sobre o trabalho de Leny, em 1959.

77 *Ibidem*, p. 44.

WHAT THE CRITICS SAY ABOUT - -

LENY EVERSONG

"A voice of great power and beauty that fills the stillness of this room until every corner rings and vibrates." — ALPERT, L. A. TIMES

☆

"Voice as big as the Amazon, where she was born." — BEVERLY HILLS CITIZEN

☆

"What she does to 'GRANADA' is the best thing that ever happened to a song." — HOLLYWOOD REPORTER

☆

"A voice of such quality and range that the audiences are left limp with emotional satisfaction." — FORREST DUKE, VARIETY

☆

"LENY EVERSONG — sings with the force and fury of an erupting volcano, an absolute MUST." — RALPH PEARL, L. V. SUN

"The great reviews are not great enough, she's even greater." — GENE TUTTLE, REV.-JOUR.

☆

"Boy, how LENY EVERSONG can sing — I want to go again to hear her." —LOUELLA PARSONS

☆

"All by herself — worth the price." — TIME MAGAZINE

LENY EVERSONG

Starring in **"Follies Americana"**
At the **Thunderbird** Hotel

THE BEST ARE ALWAYS IN THE SPOTLIGHT

Outras artes
e repertórios

O ano de 1961 teve três fatos marcantes para a cantora – uma gravação, uma nova turnê e um convite inesperado. O primeiro deles foi a gravação de mais um rock-balada, lançado nos formatos 78 rpm e compacto em abril, que ela descobrira em Buenos Aires, ganhando a permissão para gravá-lo do próprio compositor (chileno) Joaquín Prieto (irmão do cantor Antonio Prieto, que o lançou por lá). Era "La novia", que, na versão de Fred Jorge – à época, já um dos principais versionistas do nascente rock nativo, via Tony e Celly Campello, Sérgio Murillo, Carlos Gonzaga e Demétrius –, virou "A noiva". Era talvez a música mais sentimental e melodramática de seu repertório até então, um gênero que anos depois ganharia a alcunha de "cafona" e "brega". A letra narra as aflições de uma mulher que se vê à beira do altar em pleno casamento, mas, em verdade, é apaixonada por outro: "Branca e radiante/ Vai a noiva/ Logo a seguir, o noivo amado/ Quando se unirem os corações/ Vão destruir as ilusões/ Aos pés do altar está chorando/ Todos dirão que é de alegria/ Dentro, sua alma está gritando/ Ave Maria".

Mais uma vez foi execrada por Stanislaw Ponte Preta no *Diário da Noite* numa coluna em que respondia às cartas de leitores. Um carioca quis saber o que ele achava "dessa famigerada versão de 'A noiva' feita pelo tal do Fred Jorge". "Não podia ser pior, hein, irmão. E aquele pedaço que diz que a noiva vai sorrindo para o altar, mas dentro dela o coração está gritando: 'Aaaaave Mariiiia'. Coitado do Charles-François Gounod, não merecia um parceiro desses, que acredita que coração de noiva grita." E continuava no mesmo tom de chacota: "Mas sinta o drama, seu Quincas Honório. Quem até agora gravou essa droga? Só cantor de gosto cocoroca: Angela Maria, Cauby Peixoto e Leny Eversong. Tá faltando a gravação do Anísio Silva e posteriormente a do Vicente Celestino", referindo-se a cantores considerados, caso já houvesse essa palavra à época, "bregas" – nesse tempo era "submúsica".

Leny não era tão ingênua assim e sabia que precisava cantar algumas canções "comerciais", pois, se não vendesse discos, não conseguiria se impor num mercado supercompetitivo como o fonográfico – tanto que já havia gravado versões de canções internacionais da moda, inclusive temas de filmes, como o de *Candelabro italiano*, de Delmer Davis, a canção "Al di là", que, no ano anterior, virara "Muito além" na versão de Júlio Nagib, outro versionista famoso à época (e produtor da gravadora Odeon). O problema era mesmo a concorrência. "A noiva", por exemplo, como Sérgio Porto antecipou, logo foi regravada pelo consagrado Cauby Peixoto, pelo astro em ascensão Agnaldo Rayol, ambos seus amigos, e por Angela Maria, a cantora mais popular do momento, que acabou "roubando" o sucesso para ela, lançando-a no LP *Não tenho você* pela Continental. Novamente, Leny levava a pior por aqui em termos de sucesso fonográfico, basta dizer que nunca mais conseguiu fazer um LP solo, ficou mais nos compactos simples e duplos.

Após uma breve pausa para férias em Salvador, com o marido e o filho ("Este é um dos momentos mais deliciosos da minha vida. Nada de ensaios exaustivos... Quero sentir a terra de Caymmi em todos os dias que aqui permanecer"), no segundo semestre viria o segundo fato importante de 1961: seguiu em outra turnê, dessa vez pela América do Sul. Cantou em Caracas, Santiago, Lima, Buenos Aires, Montevidéu, entre outras cidades, até mesmo brasileiras. Leny contou à *Revista do Rádio e TV*:

> Este aqui [apontava na foto] é o [frei] José Mojica, que agora vive num convento perto de Lima e que atuava num programa de TV, antes do meu. Nesta viagem, que durou dois meses e meio, recebi cinco mil dólares por semana e mais quatro passagens de primeira classe, para mim, meu marido, meu pianista [Daniel Salinas] e o baterista, que é meu filho Álvaro.[78]

Álvaro tornou-se baterista da mãe por acaso, durante uma apresentação em Porto Alegre, em 1959, quando dois músicos locais, após ensaiarem à tarde, desistiram do show, talvez com medo da responsabilidade de acompanhá-la. Na hora do espetáculo, o jovem foi empurrado para o palco pelo pianista, que na ocasião era Pedrinho Mattar. A mãe, por sua vez, adorou a ideia. Era uma forma de tê-lo sempre por perto e de arrumar uma profissão para ele, já que não demonstrava aptidão para outras carreiras, tendo, aliás, grande vocação para *bon vivant*. "Naquele dia sentei, só tinha um bongô, uma tumbadora e um par de escovinhas. Olhei pros meus joelhos, tremiam que nem hélice de avião", recordou Álvaro[79].

Sobre a razão de optar por cantar tanto fora do país, Leny desabafou: "No Brasil não sabem valorizar o artista nacional e eu prefiro não trabalhar aqui a receber os salários baixos que eles pagam". O filho lembra bem desse período: "A melhor praça na América do Sul, que melhor pagava, era Caracas, na Venezuela. A cidade era um negócio maravilhoso, no meio das montanhas. O aeroporto para descer lá dava medo. Ela atuava no Hotel Tamanaco, onde fez temporadas também em outros anos"[80]. Quem também esteve com ela em Caracas e em várias oportunidades na

---

78 *Revista do Rádio e TV*, n. 637, 2 dez. 1961, p. 14.
79 Entrevista de Álvaro Augusto ao autor em novembro de 2012.
80 *Idem.*

sua época áurea foi o referido pianista e maestro Daniel Salinas, outro que foi testemunha do arrebatamento causado pela cantora.

Leny fez temporadas nos Estados Unidos, França, América Central, México e vários países da América do Sul. Trabalhamos juntos durante seis anos. A acompanhei em Las Vegas e Nova York. Mesmo em lugares em que não era tão conhecida, como a Venezuela, ela tinha um potencial tão fabuloso que, quando cantava, arrasava. Era sempre aplaudida de pé e naquela época quase não tinha brasileiro de sucesso fora do país. Gravou com arranjos de grandes maestros, como Pierre Dorsey, com os melhores músicos, nos melhores estúdios. Ela fez tudo que um artista sonharia fazer. Curiosamente, embora fosse "professora", não cuidava da voz. Cantava, depois enchia um copo de gelo e botava aquilo tudo para dentro sem a menor cerimônia [risos].[81]

Durante essa viagem, Leny teve um susto terrível, um terremoto!

Passei pela minha pior experiência nesta viagem. Fui ao Chile para atuar durante duas semanas no Cassino Municipal de Viña del Mar e no grande Parque Vergara, onde cabem mais de 5 mil pessoas. Uma manhã fui acordada com alguém me sacudindo. Quando abri os olhos, vi que ninguém me sacudia: era o solo que sacudia, era um bruto terremoto! Foi a minha primeira experiência com terremotos e peguei logo os mais fortes. Imagine que o máximo em terremoto são os de 12 graus e eu passei por alguns até de 9 graus. Ainda mais num só dia, tivemos "apenas" 41 terremotos. Fiquei em pânico![82]

Na ocasião, Leny explicou à *Revista do Rádio e TV* que do Chile foi para Buenos Aires, onde realizou três apresentações na Exposição Internacional e uma na TV Canal 13, "que dizem ser de propriedade de Frank Sinatra". Na capital argentina, mais uma vez, a cantora se viu em apuros em relação ao seu patriotismo.

81 Entrevista de Daniel Salinas ao autor em agosto de 2000.
82 *Revista do Rádio e TV*, n. 623, 26 ago. 1961, p. 16.

Em Buenos Aires antes de minha chegada anunciaram-me como sendo cantora norte-americana. Quando cheguei mandei retificar os anúncios, mas não pude mudar o que já havia sido publicado. Alguns jornais brasileiros me acusaram de falta de patriotismo, mas a verdade é que a culpa não foi minha e eu faço sempre questão de dizer que sou brasileira.[83]

Ney, o marido de Leny, apressou-se a mostrar à reportagem alguns recortes que comprovavam que ela era apresentada como brasileira e mesmo em Buenos Aires o erro foi corrigido. Em seguida, ele declarou: "Ao voltarmos, descansamos em Guarujá por uma semana, em seguida fomos a Belo Horizonte, Goiânia, Brasília, Porto Rico, Panamá, Peru e novamente Chile, Argentina e Uruguai". Leny, então, sem cerimônia, fez um retrospecto de sua carreira – e de seus salários e patrimônio – até aquele momento. De certa forma, uma maneira de dizer que aquela cantora "gorda", com excesso de voz, totalmente fora dos padrões, havia, de fato, chegado ao topo.

Comecei a atuar aos 12 anos ganhando dez cruzeiros por programa. Quando eu fazia radioteatro, ganhava cinco cruzeiros por capítulo! Isto foi na Rádio Atlântica de Santos, onde fui descoberta pelo Armando Rosas. Durante vinte anos vegetei no rádio e só me projetei quando fui para a Rádio Mundial no Rio. Em 1949, deixei a Tupi porque ganhava 2.500 por mês e pedi um aumento de 500 cruzeiros que me negaram. Em 1955, voltei para a Tupi para ganhar 80 mil por mês. Hoje em dia eu cobro 100 mil por dia no Brasil e 1.000 dólares no exterior. Já ganhei mais de 60 milhões de cruzeiros, que estão bem empregados. Tenho esta casa própria, aqui [em São Paulo], na rua Nilo, que é bem valiosa, um apartamento em Guarujá, no valor de 4 milhões, uma casa de campo em São Roque, cinco apartamentos pequenos, três terrenos no subúrbio, uma loja que está alugada e um carro Chevrolet Bel-Air [o automóvel da moda, à época].[84]

O terceiro e mais inusitado acontecimento de 1961 foi revelado em outubro pela mesma publicação. Ela foi convidada para estrelar como

83 *Ibidem*.
84 *Ibidem*, p. 17.

atriz um filme internacional: "A muitos parecerá estranha a notícia de que Leny Eversong (*grande cantora, mas sem a plástica do tipo cinematográfico* [grifo meu]) será a estrela de um grande filme, realizado pelo mesmo produtor de *Orfeu da Conceição*. Isso, entretanto, é absolutamente real". E seguia afirmando que "a estrela (hoje famosa no mundo inteiro) é a principal figura de *O santo módico*, já em confecção na Bahia". Era uma coprodução Brasil-França, rodada em cores (Eastmancolor ou Technirama), enquanto aqui predominavam filmes em preto e branco, e com exibição a princípio garantida no mundo inteiro, tendo ainda no elenco Breno Mello, Jurema Pena, Lídio Santana, Gessy Gesse, entre outros.

Orfeu da Conceição era o nome do texto original de Vinicius de Moraes, que adaptava o mito de Orfeu à realidade das favelas cariocas, numa peça levada ao palco do Teatro Municipal do Rio, em 1956, só com atores negros. Vinicius transformou-se oficialmente em compositor a partir de suas primeiras parcerias com Tom Jobim criadas para a ocasião. O cineasta Marcel Camus comprou os direitos da peça e readaptou-a para um filme bastante fantasioso acerca do Brasil, *Orfeu negro*, que, no entanto, foi um estrondoso sucesso mundial em 1959, projetando aquelas que foram as primeiras bossas novas a viajarem o mundo: "A felicidade" e "O nosso amor", da dupla Tom e Vinicius, mais "Samba de Orfeu" e, principalmente, "Manhã de Carnaval", ambas de Luiz Bonfá e Antonio Maria, esta última na voz de Agostinho dos Santos. Aproveitando o sucesso da película, o assistente de produção Robert Mazoyer resolveu dirigir, ele mesmo, um novo filme rodado também no Brasil, financiado pela mesma produtora. Além de contar com Breno Mello, que havia vivido Orfeu na produção anterior, precisava encontrar uma atriz e cantora condizente com a personagem cujo perfil não era nada comum. A própria cantora explica o momento do encontro com o diretor à revista *O Mundo Ilustrado* em abril de 1962.

> Em maio do ano passado, eu estava descansando em Guarujá quando meu marido vem casa adentro com um rapaz alto, de cabelos encaracolados e olhos verdes, com jeito de estrangeiro. Era mesmo. Robert Mazoyer, esse seu nome, um dos diretores de *Santo módico*, ouvira, em Paris, falar de Leny Eversong, e escutara alguns discos. Como procurava uma mulher de 40

anos, "gorda sem ser pesada" – pois Maria das Dores é dinâmica e desembaraçada –, que além disso tivesse uma expressão jovial e soubesse cantar, achou que eu era o tipo ideal. Depois de um pequeno teste, manifestou seu entusiasmo numa exclamação franca que foi meu maior elogio: "Achei a minha Maria das Dores! Por favor, Leny, não me abandone. Foi tão difícil encontrá-la! Vou rezar para que os produtores aceitem suas condições. Tenho certeza de não encontrar ninguém tão perfeita como você para o papel".[85]

Realmente, o diretor impressionou-se com os testes que fez com Leny a ponto de alterar o argumento do filme. "A história girava em torno do personagem interpretado por Breno Mello. Depois dos primeiros dias de filmagem, entretanto, a dona de um cabaré popular, por ela desempenhada, tornou-se o principal papel da fita", escreveu Ronaldo Bôscoli numa matéria na revista *Manchete*, afirmando que a cantora, munida de um incrível zelo profissional, "para dar cem por cento de realidade a uma cena em que cai de um barco, repetiu a queda vinte e cinco vezes, perdendo sete quilos na filmagem" – isto já parecia algo de exagero, sabendo-se do estilo polêmico e irreverente do jornalista. A bem da verdade, a produção acreditava de fato no sucesso do trabalho da cantora (e atriz) na película e traçava planos mirabolantes para seu futuro. "Além de cantar maravilhosamente, ela é uma atriz de primeira ordem", confirmou Mazoyer ao repórter.

As locações de *O santo módico* foram feitas em Salvador e na ilha de Itaparica. A história é das mais pitorescas. Bento (Breno Mello), um pescador, auxilia a comerciante Maria das Dores (Leny Eversong), que havia tomado uma queda e deslocado o ombro na volta da festa dos pescadores. Conseguindo recolocar no lugar seu ombro, vira uma celebridade junto aos populares que estavam na festa, passando a ser visto como milagreiro. Ela então o leva para o seu bar, enquanto um amigo de Bento conhecido como Negócio espalha a notícia de que o pescador seria capaz de curar qualquer mal cobrando apenas a quantia de 20 mil réis, quer dizer, era um santo milagreiro "a preço módico". Contudo, o pescador, que só queria

---

85 *O Mundo Ilustrado*, n. 225, 14 abr. 1962, p. 14-5.

estar próximo de sua amada Flora (Gessy Gesse), temendo um castigo divino por conta desse charlatanismo, foge em um navio de exportação de cacau. Inconformada, Maria das Dores tenta manter o sucesso dos negócios, prometendo a todos que um dia o "santo" estaria de volta.

A película começou a ser filmada em 1962 e contou com a participação de nada menos que 4 mil figurantes. O futuro ator, cantor e *performer* Edy Star foi um que, ao lado da mãe, fez figuração no filme.

> Subindo a ladeira do Bonfim, onde termina a casa dos romeiros, havia uma área, um triângulo enorme que na época era gramado. Ali construíram uma casa, imitando uma casa antiga, onde morava a dona do Santo Módico. A personagem da Leny era a dona da casa que explorava um cara que dizia fazer milagres, uma espécie de dona do santo milagroso, e cobrava para as pessoas serem atendidas. Eu e minha mãe éramos alguns dos romeiros que ficavam na sala, em fila, a esperar milagres desse santo. No final, há uma revolta e incendeiam a casa, pois descobrem que o santo não é milagroso e a personagem da Leny aparecia gritando na janela. Ela não ia tanto nessa locação, porque ali eram filmadas só as externas. A parte dos interiores deve ter sido em outro local.[86]

Leny estava eufórica. "Agora vou filmar na Bahia a película *O santo módico* em que também atuam Léa Garcia, Vera Regina e Zezé Macedo. O filme será rodado na ilha de Itaparica, durará dois meses e nele representarei e cantarei cinco canções brasileiras de Antonio Carlos Jobim com letra de Robert Mazoyer, o francês que dirige a película", revelou a cantora na ocasião, referindo-se às canções "Berceuse", "Lamento do pescador", "Adeus a São Bento", "Milagre de Maria" e "Canto da Bahia" – todas, hoje, raríssimas[87]. Disse mais uma vez o salário que ganharia para atuar, nada menos que 2 milhões de cruzeiros, uma pequena fortuna[88],

---

86 Edy Star em depoimento ao autor em novembro de 2019.

87 As canções estão catalogadas no *site* do Instituto Tom Jobim, inclusive com as letras de Robert Mazoyer.

88 A propósito, a imprensa a incluía num balanço do ano feito pela *Revista do Rádio e TV*, n. 641, 30 dez. 1961, entre os artistas que mais ganharam no ano de 1961, algo em torno de 8 milhões de cruzeiros à época.

frisando ainda que estavam inclusas "todas as despesas, inclusive hospedagem no Hotel da Bahia para três pessoas; eu, meu marido e meu filho". "E ainda irei a Paris para o lançamento do filme", vibrava.

O filme foi lançado comercialmente apenas dois anos depois, em 1964, e foi muito pouco visto, pois a produtora faliu logo a seguir. Pode-se dizer que ele flagra um momento de transição, em que a artista brasileira da música mais em voga internacionalmente trabalhou num filme em que as canções foram compostas pelo citado Tom Jobim e também pelo maestro Moacir Santos, Baden Powell, Luiz Bonfá (que esteve no estúdio com sua esposa, a cantora Maria Helena Toledo) e o próprio Vinicius de Moraes, todos compositores ligados à bossa nova, que gravaram a trilha do filme ao lado do flautista Herbie Mann, e a partir de 1962 começariam efetivamente a ter fama mundial com a disseminação do gênero nos Estados Unidos, sobretudo após a gravação de "Desafinado" pelo saxofonista Stan Getz com o guitarrista Charlie Byrd num álbum que vendeu um milhão de cópias naquele ano.

Álvaro relembrou bem os bastidores desses dias e confirma a megalomania da produção, testemunhando o descontrole financeiro da produção do filme rodado no caríssimo sistema do Technirama, gastando em torno de 180 milhões de cruzeiros, uma fortuna:

> Ficamos hospedados no Hotel Baleia Branca, na ilha de Itaparica. Em Salvador, me lembro que parei para ver a filmagem do filme *O pagador de promessas*, de Anselmo Duarte. Eles faziam um *take*, no máximo dois de cada cena. No *Santo módico* eles perderam totalmente o controle, faziam uns 18 de cada uma, daí a produtora faliu.[89]

Outra recordação foi da turma da bossa nova nesse tempo, quando ele tinha seus 21 anos. "Lembro que o Tom Jobim esteve por quatro dias na nossa casa em São Paulo. O Tom, no piano, o João Gilberto, no violão, e Os Cariocas fazendo vocal. Sou dos poucos que viram o João feliz, brincando com todo mundo. Imagine um garoto feliz!"

---

89 Entrevista de Álvaro Augusto ao autor em novembro de 2012.

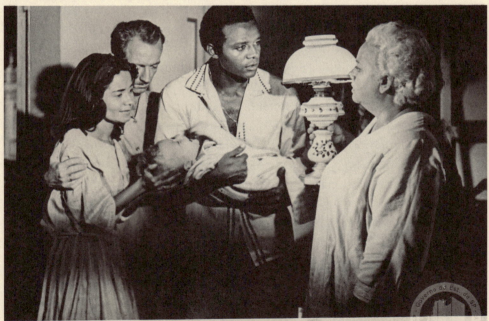

França Filmes do Brasil apresenta BRENO MELLO · LINY EVERSONG · LÉA GARCIA · GESSY JESS
em
Direção de ROBERT MAZOYER "SANTO MODICO" CINEMASCOPE - TECHNICOLOR

Três flagrantes de Leny na Bahia, em 1962, quando atuou como atriz e cantora no filme *O santo módico*. Na segunda imagem, com elenco e o ator Breno Mello. Aqui, com seu filho Álvaro e membros da equipe de produção.

Ao regressar da Bahia, Leny foi novamente atração da boate do Copacabana Palace no Rio, em outubro, desfrutando a seguir de merecidas férias em sua casa no Guarujá, depois voltou à capital paulista, onde morava numa casa de dois pavimentos no Paraíso. Entre uma reportagem e outra em que assumia ser feliz com seu peso, afirmando que trazia as roupas com seu manequim avantajado do exterior e era apoiada pelo marido, chegou a ganhar um elogio enviesado da severa colunista Mag, do *Diário de Notícias*. Ao criticar sua colega Angela Maria, ela dizia que a cantora deveria receber conselhos de Elizeth Cardoso, Inezita Barroso e "até da gorda Leny Eversong", pois, segundo ela, as três tinham perfeito comportamento na televisão em seus programas diante das câmeras. Sutileza, definitivamente, não era a tônica da imprensa com as artistas fora dos padrões estéticos.

Gordura à parte, além das gravações de *O santo módico* e da temporada no Copa, Leny apresentou-se nesse ano de 1962 – e no correr da década – em muitos programas de TV, como *E Agora... Cássio Muniz*, na Tupi, *Golias Show*, *O Mundo Alegre de José Vasconcellos* e *Paulo Gracindo Show*, na TV Rio, *Hora da Família*, na Excelsior, *Programações Lorenzo Madrid*, na Cultura, e também em clubes, como o Tijuca Tênis Clube, Hebraica, Ginástico Português, Casa das Beiras, Botafogo e Sírio Libanês, no Rio, e Clube Piratininga, em São Paulo, um mercado de trabalho que começou a se abrir cada vez mais nos anos 1960, quando os auditórios das rádios começavam a perder prestígio em relação à televisão. Cantou também em maio no Brasília Palace Hotel na eleição de Miss Brasília, quando esse tipo de concurso parava os estados e, as finais, o Brasil. No segundo semestre, excursionou a Buenos Aires e novamente em Caracas, atuando dessa vez apenas em TV, e Porto Rico.

"Não gosto de atuar em boates, pois é contraproducente. O pessoal que vai lá quer saber de beber, comer e namorar. O artista cansa-se muito, tem que cantar muito alto para ser ouvido e não representa nada como divulgação", resmungava à *Revista do Rádio e TV* em novembro. Dizia que os repórteres precisavam conhecer sua casa no Guarujá, onde havia "um grande *living* todo decorado com quadros que eu mesma pintei". Sim, Leny, além de dona de casa ("dirige a limpeza e a cozinha e se aborrece se a comida não sai como planejou"), também pintava nas horas vagas, colecionava perfumes franceses, bem como louças e antiguidades, como santos barrocos e anjos dourados. Segundo seu filho Álvaro, também lia todo tipo de literatura, dos mais prosaicos livros populares a Franz Kafka. Entretanto, de acordo com a reportagem, "continuava a ser aquela Leny de há vinte anos, simples, simpática e com muita personalidade".

Já fora da RGE, a etiqueta Farroupilha, dirigida por elementos do Conjunto Farroupilha, ligado à Fermata do Brasil, produziu um compacto duplo com Leny em 1963, e, entre as faixas, houve uma que foi seu maior sucesso entre as canções nacionais que interpretou, o "Samba internacional", de Sidney Morais, que trabalhava nesse tempo justamente com o Conjunto Farroupilha, e dali a pouco formaria com os irmãos mais novos, Jane e Roberto, o grupo de bossa nova Os Três Morais. "Leny era uma pessoa muito legal, estava sempre rindo, era muito agradável. A conheci porque dava aula de violão para o filho dela em sua casa. Aí disse a ela: 'Vou compor uma música que você possa cantar em todos os lugares', porque ela fazia muitas turnês fora do país", relembra o músico[90].

Entre dezembro de 1963 e janeiro de 1964 finalmente estreava no Brasil *O santo módico*, que dividiu novamente a crítica, que nesse tempo era rigorosíssima, principalmente quando o assunto era cinema nacional. O *Correio da Manhã* não perdoou.

> Bahia para europeu ver, a câmara-turista vestida de camisa com palmeiras olhando Salvador como uma capital do folclore e só isso. A estridente Leny Eversong é Maria das Dores, que proporciona ao ex-Orfeu Breno Mello a oportunidade de um milagre e a glória de se transformar em santo-módico, mas santo. As dores de Eversong acabam, não para os espectadores que terão de ouvi-la "internacionalizando" as canções de Tom Jobim, Baden Powell, Luiz Bonfá e Moacir Santos, nesse carnaval antecipado com ares de documento etnológico.[91]

---

90 Entrevista de Sidney Morais ao autor em abril de 2019.
91 *Correio da Manhã*, 8 dez. 1963, 4º Caderno, p. 10.

Em contrapartida, Cláudio Mello e Souza, no *Jornal do Brasil*, livrou a cara de alguns atores, inclusive da cantora, agora também atriz.

> Baianos na Torre Eiffel – [...] O resultado não pode ser mais melancólico, ainda que não seja de todo desastroso. Gesse é uma mulata bonita, Léa Garcia é cativante, Breno Mello tem um ou outro momento de boa intuição e de certa liberdade, Vinicius e Baden lá estão, de qualquer forma, e Leny Eversong, pessoa muito simpática e de grandes qualidades humanas, coloca em nós a dúvida: cantora ou atriz?[92]

Mesmo não estando entre suas preferências, Leny cantou em muitas boates nesse tempo. Só entre 1963 e 1964, fez temporadas nas paulistas Djalma's, Clube de Paris e Ela, Cravo e Canela – algumas das mais prestigiadas da capital paulista. Em junho de 1965, estava de volta ao Rio de Janeiro, estreando no Top Club (boate-restaurante, que depois mudou de nome para Bierklause), na rua Ronald de Carvalho, na praça do Lido, em Copacabana, em curta temporada de dez dias, à meia-noite, de terça a domingo. Acompanhada apenas do filho Álvaro, na bateria, e do "sobrinho" Daniel Salinas, ao piano, durante quarenta minutos cantava "Volare", "Samba internacional", "Nossos momentos", "Dindi", "Exaltação à Bahia" e "Malagueña". Após um intervalo, massacrava a plateia com "St. Louis Blues", "Summertime", "Granada", "Jalousie" e "Jezebel". O colunista Van Jafa, do *Correio da Manhã*, encantado com o show da cantora, lhe sugeriu "praticar outros experimentos na área dramática. É uma artista de sensibilidade e fôlego. Sabe chegar à plateia completamente e quando canta, canta com o corpo inteiro. Quando entra em cena entra disposta para cantar, o faz com alegria e entusiasmo e o que é importante, transmite este entusiasmo e esta alegria". E não é que ela acatou?

Em meados daquele ano de 1965, surpreendeu a todos sendo convidada para atuar como atriz e cantora na *Ópera dos três vinténs*, de Kurt Weill e Bertolt Brecht. O musical inaugurou a Sala de Espetáculos Gil

---

92 *Jornal do Brasil*, 6 mar. 1964, Caderno B, p. 3.

Vicente do Teatro Ruth Escobar, no dia 3 de dezembro, em São Paulo. Com direção de José Renato, trazia ainda no elenco Osvaldo Loureiro, Luely Figueiró, Nilda Maria, Túlio de Lemos e a própria Ruth. Novamente, o crítico Van Jafa estava ali cobrindo a estreia da cantora. Detonou a montagem, porém exaltou a interpretação e a coragem da cantora na nova empreitada.

> Trata-se de uma das mais extraordinárias peças de Brecht-Weill e de uma das mais fascinantes e perfeitas comédias musicais que temos notícia. [...] O espetáculo que presenciamos, entretanto, não nos favorece uma crítica detalhada por se tratar de um arremedo irresponsável do grande texto e da música extraordinária de Weill. Apresentar aquilo como sendo a *Ópera dos três vinténs* é preciso muita coragem.
>
> [...] Para começar diríamos que o diretor José Renato inicia sua distorção da ópera pelo princípio, trocando o excelente prólogo por uma apresentação de Mac Navalha (Oswaldo Loureiro) em trajes sumários, o que não deve entusiasmar tanto assim. E segue direto para a segunda calamidade tornando a velha e tocada senhora Peachum (Leny Eversong está excelente) na figura central da comédia-musical. Como era a única que sabia cantar de fato, praticamente todas as canções importantes foram passadas para ela. Convenhamos que isso é um abuso de confiança para com o público. E será possível que o diretor a esta altura não saiba que uma comédia musical não se faz precisamente com cantores e sim com atores que sabem entoar? No caso de Leny Eversong, ainda há a boa surpresa dela ser uma revelação como intérprete, a ponto de nos lembrarmos que ela faria admiravelmente a mãe na comédia musical *Blitz!*, admiravelmente feita por Amelia Bayntun, que presenciamos no Teatro Adelphi de Londres. Somos inteiramente a favor de Leny Eversong e dela ter sido canalizada para o teatro, só não concordamos com a ideia do diretor de passar para ela tudo quanto é canção só pelo fato dela ser uma cantora de fato.[93]

93 *Correio da Manhã*, coluna Teatro, 3 abr. 1965, 2º Caderno, p. 3.

3 VINTÉNS COM TÚLIO E LENY EM TEATRO NÔVO

Para encenar pela primeira vez no Brasil "A Ópera dos Três Vinténs", de autoria do alemão Brecht, Ruth Escobar construiu um teatro e contratou os maiores nomes do cinema e da TV. Leny Eversong, Túlio de Lemos (vai cantar novamente), Oswaldo Loureiro, Luely Figueiró, Nilda Maria, Zeluís Pinho e a própria Ruth Escobar estão reunidos para proporcionar duas horas de um grandioso e luxuoso espetáculo. Antes de apresentar o "Show" ao público, Ruth Escobar reuniu os artistas e jornalistas num coquetel, com o qual inaugurou seu teatro. A peça, com muita luz, muita côr, e muito talento tem sucesso garantido.

Com muita luz, côr e talento de Leny e Túlio de Lemos, o sucesso é esperado.

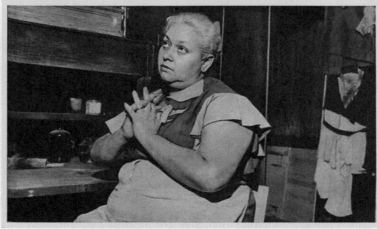

Revelação: Leny recebeu elogios pela atuação na montagem paulista da *Ópera dos três vinténs*. Aqui, ela aparece em matérias das revistas *Intervalo*, em dezembro de 1964, e *Manchete*, em janeiro de 1965.

Yan Michalski, no *Jornal do Brasil*, também fez comentários elogiosos à cantora no dia seguinte: "Em Leny Eversong sentimos frequentemente a cantora sobrepor-se à atriz; mas o seu tipo físico é tão esplendidamente adequado para o papel e a sua presença cênica é tão forte que a sua sra. Peachum existe e resiste, apesar da inexperiência dramática da atriz".

Como se não bastasse, pouco antes do musical, em outubro, Leny também estreou como atriz de novela em *Porto dos 7 destinos*, de Luís de Oliveira, dirigida por Antonino Seabra. No ar pela TV Rio de segunda a sábado à noite, até abril de 1966, contracenou com Darlene Glória, Sônia Dutra, Elizabeth Gasper, Paulo Gracindo, Henrique Martins, José Augusto Branco, Teresa Amayo e Carlos Imperial. Sua personagem Rosália era uma mulher má que possuía uma característica que reforçava o estigma que

Anúncio da novela *Porto dos 7 destinos*, da TV Rio, em que atuou como atriz, na virada de 1965 para 1966.

tanto a perseguiu a vida inteira: não parava de comer. Passava as cenas sempre mastigando. "Para mim que não faço regime, isso é uma maravilha", disse Leny à revista *Intervalo* com seu bom humor habitual.

Nesse meio-tempo, em fevereiro de 1966, a TV Record a contratou para estrelar o programa musical e humorístico *Quadra de Sete*, com Jô Soares, Cauby Peixoto e a atriz-comediante Zilda Cardoso, de curta duração. Seu filho Álvaro recordou a atração.

> O patrocinador, que era da empresa que tinha o sabonete Palmolive, queria a minha mãe. A Record empurrou mais três artistas para atuar com ela. É a época que havia o *Bossaudade, Fino da Bossa, Jovem Guarda*... E minha mãe entrou, com Jô, Cauby e a Zilda, que fazia a personagem Catifunda. Só que o Mário Wilson que escrevia as piadas para ela e o Jô não foi feliz, eram muito sem graça. E o Paulinho [Machado] de Carvalho, diretor da Record, chamou minha mãe e [o empresário] Marcos Lázaro foi junto. Disseram: "Você tem total autonomia pra fazer o que você quiser, porque o Gessy Lever, patrocinador, está fazendo este programa por sua causa".
>
> Como ele ia mandar embora o produtor, que era primo do Paulinho de Carvalho, minha mãe, que sempre teve pena dos outros, se fodeu. Deixou o cara com as piadas horrorosas para o Jô e a Catifunda falarem. Cauby saiu fora, viu logo que era "fria".

Cauby Peixoto, em entrevista ao programa *Roda Viva*, da TV Cultura, em 7 de março de 1988, narrou o que foi a gota d'água para a sua saída do programa:

> Segundo o produtor [roteirista] do *script* eu teria de chamar a Leny Eversong de elefante [num dado momento] e aquilo me chocou. Ele argumentou: "Não, é uma brincadeira" [em que cada um chamaria alguém de um apelido]. Ela pode me chamar do que ela quiser, mas eu não chamo a Leny de elefante de jeito nenhum.

Pela recusa de fazer coro ao *bullying* generalizado que faziam contra sua colega à época, já se pode ter uma ideia do tom equivocado e apelativo que o programa passou a manter para continuar no ar. Com um misto de fúria e indignação, Álvaro recordou como a atração foi pelos ares, após a saída de Cauby.

> Ficaram minha mãe, o Jô e a Catifunda. Um dia eu sugeri: "Mãe, tem o [Wilson] Simonal, um grande cantor. Põe ele". E assim foi feito. Pouco depois, ele deu uma rasteira nela e ficou com o programa para ele. Coitada, ela apanhou tanto da vida que já estava acostumada. Imagine que ela até queria gravar "Meu limão, meu limoeiro" daquele jeito dele, mas eu e meu pai vetamos. A verdade é que Simonal roubou o programa da minha mãe, depois mal a cumprimentava. Mas o castigo depois veio a galope.[94]

Talvez não tenha sido uma rasteira do cantor como disse Álvaro, mas sim uma decisão da emissora de ver o óbvio: o talento de *showman* de Simonal merecia um programa próprio, inclusive com um estilo musical que se afinava mais com o público que fez dele o mais popular do país no final da década, rivalizando com Roberto Carlos. Era sem dúvida um período de mudanças substanciais e efervescentes.

Não era só politicamente que o Brasil estava mudando, a cultura do país mudava a olhos vistos a cada ano que passava, com muitas novidades, muitas delas reflexos das movimentações comportamentais, sobretudo na Europa e nos Estados Unidos. Musicalmente falando, o país nessa década deixava o samba-canção e os ritmos nordestinos em favor do rock anglo-americano, da canção de protesto, de letras mais coloquiais nas canções, da suavidade da bossa nova nascente, da revolução tropicalista que se deu também na poética das canções, incluindo elementos da cultura pop e figuras de linguagem nunca antes vistas na música, e de uma nova geração de cantores românticos de estirpe bem popular. Não se pode dizer que Leny não se renovou. Além de estrear como atriz no teatro e na TV, musicalmente também tentou um pouco de tudo; se não conseguia gravar LPs era porque sua voz e sua figura não vendiam muitos discos.

---

94 Entrevista de Álvaro Augusto ao autor em novembro de 2012. A acusação de Álvaro é de sua inteira responsabilidade, pois 55 anos depois é impossível comprovar a questão. O "castigo" ao qual ele se refere foi o cantor ter caído no ostracismo a partir de 1971, por supostamente ter sido delator de colegas durante o regime militar.

Com Wilson Simonal durante as gravações do programa *Quadra de Sete*, que mantinham na TV Record, em 1966, ao lado de Jô Soares e Zilda Cardoso.

    Para se ter uma ideia, no início da década ela flertou com a bossa nova e o rock-balada (nova tendência romântica). Agora a onda eram também as canções dos grandes festivais de música popular brasileira, que a televisão catapultava para todo o país (a partir do sucesso de Elis Regina no Festival da TV Excelsior, em 1965, ganho por ela com "Arrastão"), conjugadas à canção de protesto, que aos poucos se tornaria a tônica da nascente "MPB", sigla cujo conceito significava moderna música brasileira. Pois, em outubro de 1965, ela não se fez de rogada. Gravou o compacto duplo *Bossa com a internacional Leny Eversong* (no selo Farroupilha), com,

Outras artes e repertórios |65

quem diria, "Arrastão" e também "Aleluia", ambas do repertório de Elis e de autoria do jovem Edu Lobo, a primeira com Vinicius de Moraes e a segunda com Ruy Guerra, e ainda "Gangazuma", uma daquelas músicas da época evocando a cultura negra, e ainda o *standard* "Night and Day", de Cole Porter.

Pois ambas as tendências – músicas de festival e de protesto – estavam em duas canções do II Festival de MPB da TV Record de 1966 (cujo resultado deu empate entre as canções "A banda", de Chico Buarque, e "Disparada", de Geraldo Vandré e Théo de Barros) que ela interpretou num LP coletivo lançado pelo selo Artistas Reunidos, mantido pela emissora em convênio com a gravadora pernambucana Mocambo: o samba moderno "Anoiteceu", do estreante Francis Hime, com Vinicius de Moraes, que no pleito foi defendida por Roberto Carlos, e, sobretudo, "Lá vem o bloco", que ela mesma defendeu no festival, classificando-a entre as finalistas. Era uma composição de Carlos Lyra, um dos fundadores do Centro Popular de Cultura, da União Nacional dos Estudantes, no Rio, com o ator, teatrólogo e dramaturgo Gianfrancesco Guarnieri, dois dos artistas mais ligados aos movimentos de esquerda no país. Era uma marcha-rancho explosiva típica dos festivais, bem chegada a seu estilo, que ao mesmo tempo era um protesto disfarçado: "Moça, abre a janela, lá vem o bloco/ Gente cantando alegre sem ser feliz/ Porque é preciso cantar/ Quando o que resta é cantar".

Essa última ela cantou muito em televisão, dentro e fora do país, como no programa de Bibi Ferreira, na Excelsior, que sempre a escalava, enfatizando sua simpatia, sua gargalhada e seu incrível sucesso internacional: "Para mim não existe uma gargalhada mais gostosa que a da Leny Eversong, a mais linda do mundo. Ela ri mesmo com vontade", disse a atriz e apresentadora, na presença da colega, num de seus programas.

Como se não bastasse, em 1966 aventurou-se no ritmo do jequibau, uma espécie de resposta paulista à bossa nova carioca, em compasso 5 por 4, criado pelo maestro Ciro Pereira com Mário Albanese, registrado em duas faixas da dupla num compacto da Chantecler, "Jequibau" e "Esperando o sol". Em dezembro do ano seguinte, participou de um festival de músicas carnavalescas no Maracanãzinho, defendendo a marcha-rancho "O rancho", de dois compositores paulistas da nova geração

Acompanhada por orquestra em uma de suas frequentes participações em programas de TV, nos anos 1960.

que fizeram história, Renato Teixeira, que começara no festival naquele ano ao lado de Gal Costa, entoando "Dadá Maria", no III Festival de Música Popular Brasileira da TV Record, e Geraldo Cunha, ligado à bossa nova paulista. Além disso, era sempre vista dando canjas em boates do Guarujá.

Na mesma época, passou a cantar a espanhola "Malagueña" (Elpidio Ramírez), com um arranjo muito diferente, jazzístico, mas com órgão jovem-guardista, que também apresentou no programa de Bibi e num show na boate Drink, à época arrendada por seu amigo Cauby Peixoto.

Com o amigo Cauby Peixoto, em 1968, que a convidaria para gravar com ele um LP ao vivo em sua boate Drink, em Copacabana.

Juntos fizeram um LP, *Um drink com Cauby e Leny*, no selo Hot. Gravado ao vivo durante sua temporada no local, em junho, ela participava apenas do lado A, cantando com ele "Lady Be Good", de Cole Porter, e sozinha um *medley* com "Samba do avião", de Tom Jobim, o *standard* americano "Stormy Weather" e a italiana "Canzone per te", de Sergio Endrigo e Bardotti, que havia abocanhado recentemente o primeiro lugar no Festival de San Remo na interpretação de Roberto Carlos, e o grande sucesso carnavalesco da época, o samba "Tristeza", de Niltinho e Haroldo Lobo. Também registrou sozinha, além de "Malagueña", a italiana "Per una donna".

A temporada no Drink não trouxe novidades apenas no repertório, mas também na aparência. Leny pela primeira vez tomou a decisão radical de emagrecer e levou-a às últimas consequências. Foram três meses de sacrifício que culminaram numa operação plástica no rosto e no corpo. Em três meses, seu peso caiu de 110 quilos para 77. Seu empresário à época chegou a rogar-lhe que voltasse a comer "para não afetar a imagem criada junto ao público" e chegou a ameaçá-la, dizendo que perderia a voz se continuasse, mas ela deu de ombros e ficou satisfeita. "Todo mundo me dizia que eu tinha um rosto bonito e devia emagrecer. Um dia resolvi fazer regime e plástica. Afinal de contas a medicina está tão adiantada que a gente precisa aproveitar, não é mesmo?", declarava à revista *Intervalo*. E a voz? "A voz é a mesma, até melhorou porque fiquei com medo e voltei a estudar", revelou à *Manchete* na mesma ocasião.

Cerca de trinta quilos mais magra e ostentando uma peruca loura, mal terminou sua temporada na boate do amigo Cauby e partiu para aquela que seria sua última turnê pelos Estados Unidos, em julho, numa temporada de quarenta dias na boate Latin Quartier, de Nova York. Sobre as apresentações, a cantora disse à *Intervalo*:

> Há oito anos que eu não me apresentava nos EUA. Nas temporadas anteriores fiz muito sucesso e não me faltaram convites para voltar. Mas as condições não me agradaram. Agora, recebi uma proposta vantajosa e aceitei. Felizmente sou dos poucos cantores brasileiros que podem escolher como, quando e onde vão se apresentar.[95]

E continuava à mesma revista, com sua ironia habitual: "Não fumo, não bebo – sou uma mulher chata". Os jornais de Nova York, ao contrário, diziam outra coisa: "Personalidade vibrante como a de Judy Garland, voz potente como a de um homem e a leveza e ritmo de Mildred Bailey".

Durante a temporada, que ela aproveitou para cantar novidades como "Goin' Out of My Head" e "The Impossible Dream", o maior elogio talvez tenha sido de Frank Sinatra, que vibrou, entre outras, com sua interpretação de "Free Again", considerando a interpretação da cantora a melhor que já ouvira da canção. A propósito, Álvaro recorda essa temporada.

---

95 *Intervalo*, n. 285, 23 jun. 1968, p. 15.

No *nightclub* Latin Quartier, em Nova York, em 1968, onde foi vista por Frank Sinatra.

Frank chegou num segundo show de uma terça-feira da minha mãe, pois eram dois shows por noite e três aos sábados. Eu estava lá nos bastidores me preparando, de repente vi as coristas correndo, um alvoroço. Avisei à minha mãe, "o Frank Sinatra tá aí". Chegou na hora do show, sentou, assistiu, depois na hora que ia ter o *gran finale* já não estava. Um dos números que ela cantava era "Going Out of My Head". Um mês e meio depois saiu o disco dele com essa gravação. Certamente ouviu minha mãe cantando, gostou e gravou a música.[96]

A canção favorita do cantor no show, "Free Again", foi incluída num especial de meia hora que a cantora gravou na CBS americana, o programa *Camera Three*, acompanhada de orquestra de 53 figuras regida pelo maestro Alfredo Antonini, em que também interpretava "Per una donna", que ela acabara de gravar, e seus velhos *hits* "Jezebel", "El cumbanchero"

---

96 Entrevista de Álvaro Augusto ao autor em novembro de 2012.

Leny e o filho Álvaro no camarim do Latin Quartier.

e "Granada", mais a exótica "Mãe do ouro", do primeiro LP, "Lá vem o bloco" e "I Cried for You". Chama a atenção no programa a presença de seu filho na bateria e a euforia do maestro, que está visivelmente empolgado na gravação. Ao final, ganhou mais um troféu.

> Tenho um armário cheio deles, mas não vivo exibindo. Sem brincadeira, posso dizer que no Brasil sou uma artista perseguida. Não canto bossa nova e ninguém me dá promoção. Mas, nos Estados Unidos, posso dizer que apenas três artistas fizeram sucesso de verdade – Carmen Miranda, Sérgio Mendes e eu. E a temporada que fiz no Olympia de Paris não ficou atrás.[97]

Ao regressar, Leny voltou ao Drink para uma minitemporada para lançar o novo LP, que ficou pronto em um mês – e em dezembro faria mais outra –, e passou um tempo em Buenos Aires. Aproveitou para cantar "Viola enluarada", de Marcos e Paulo Sérgio Valle, embora frisasse não gostar nem de bossa nova nem de canções de protesto, e anunciava que os boleros nos Estados Unidos não haviam saído de moda. "Nos primeiros lugares das paradas de sucessos americanos estão os boleros de Manzanero e eu vou gravar alguns".

Nesse meio-tempo, de fato entrou em estúdio para registrar mais dois compactos no mesmo selo Hot, um com mais duas pérolas do Festival Internacional da Canção daquele ano, a vencedora "Sabiá", de Tom Jobim e Chico Buarque, e "Dia de vitória", outra dos irmãos Marcos e Paulo Sérgio Valle, talvez sem se dar conta do teor subversivo e engajado das letras de ambas as canções. Flertando também com o público mais popular, levou a cabo a ideia de investir nos boleros e registrou uma versão em português (de Luiz Mergulhão) de um justamente assinado por Manzanero ("Adoro") e ainda uma canção seresteira ("No tempo da seresta", de dois autores desconhecidos, Carim Mussi e Armando Nunes) – sua despedida dos estúdios. Não se podia dizer que estava defasada ou mal antenada, pois fez de tudo um pouco em todas as mídias, no Brasil e fora dele.

---

97 *Manchete*, n. 854, 31 ago. 1968, p. 79.

Com orquestra no programa
Camera Three, da TV CBS,
em 1968.

E não foi só. Nessa segunda metade da década de 1960, Leny cantou em diversos programas de TV, como o *Novo Times Square* e *Campeões de Popularidade*, na TV Excelsior; *Rio Hit Parade*, *Discoteca* e *Show Sem Limite* (de J. Silvestre), na TV Rio, entre muitos outros. E fechou a década, em agosto de 1970, de terça a sábado, cantando no palco do iniciante Canecão, que deixara de ser uma cervejaria no ano anterior para se tornar a maior casa de shows carioca pelos trinta anos seguintes. Foi uma temporada ao lado de Ivon Curi. Ele cantou com orquestra e ela, acompanhada do violonista Mão de Vaca, do conjunto em que o filho era baterista e da própria banda da casa – incluindo o sucesso "Hoje", de Taiguara, e o internacional na voz de Barbra Streisand, "People". Era o fim de um ciclo, um decênio de altos e baixos, porém ainda bastante vitorioso para uma cantora tão diferente e que começara na longínqua década de 1930.

Um grande trauma e o afastamento progressivo

Principalmente depois que virou avó pela segunda vez (em janeiro de 1966, de uma menina, Luciana), Leny já dizia nas entrevistas que visava a uma aposentadoria não muito distante. Queria curtir mais a família, ficar em sua espaçosa casa no Guarujá, por vezes andando na praia, fazendo um pouco de exercício e até pintando aquarelas e óleos, usando coloridos fortes, sua predileção. Porém, como vimos, a partir de então não teve nem sombra disso. Trabalhou intensamente, inclusive no exterior e em ramos diferentes dos usuais, além de gravar todo tipo de música. Não parecia sinal de quem pretendia deixar a música. Ocorre que, a partir de então, as transformações do país e da cultura do planeta empurravam para outros tipos de artistas que dominariam a década seguinte.

Só para nos atermos ao Brasil, os roqueiros aos poucos se convertiam em baladeiros, como Roberto Carlos, deixando para novos talentos como Raul Seixas e Rita Lee a bandeira "bandida" do movimento; os sertanejos caminhavam cada vez mais em direção ao que hoje chamamos de "brega-romântico", como Milionário e José Rico, João Mineiro e Marciano, enquanto outros "bregas" (à época chamados de "cafonas"), como Nelson Ned, Waldick Soriano, Evaldo Braga, Odair José e Antonio Marcos, abafavam a banca. A MPB seguia cada vez mais engajada politicamente, incluindo o aparecimento de grandes talentos como Ivan Lins, João Bosco, Gonzaguinha, Simone, Ney Matogrosso e Fafá de Belém; o samba viveria seu melhor momento desde a década de 1930, com a ascensão de nomes como Martinho da Vila, Clara Nunes, Beth Carvalho, Roberto Ribeiro, Alcione, João Nogueira, Agepê, Benito Di Paula e Os Originais do Samba. Mas o canto e a postura de Leny não se encaixavam em nenhum desses perfis, embora, como vimos, tenha modernizado o repertório, chegando mesmo a cantar nesse tempo "Something" dos Beatles na TV.

Nesse início da década de 1970, Leny foi vista na telinha nos programas de Silvio Santos, Cidinha Campos, J. Silvestre e no *Clube dos Artistas*, de Aírton e Lolita Rodrigues. Se outras veteranas como Angela Maria, Elizeth Cardoso, Marlene e Maysa estavam sempre na TV ou mantinham temporadas concorridas onde quer que se apresentassem, inclusive num novo circuito de churrascarias que se abriu pelo país, com grandes palcos bem montados, Leny ainda se apresentava, mas sem grande alarde, e foi ficando cada vez mais à margem, desvalorizada, quando então sofreu seu golpe de misericórdia.

Na noite de 4 de agosto de 1973, Ney Campos, segundo marido da cantora, desapareceu em circunstâncias misteriosas. Nunca se soube do corpo e da causa verdadeira de sua morte. Na revista *O Cruzeiro*, a dramática reportagem "Leny Eversong: 'Ajudem a procurar meu marido'" fazia um preciso relato dos fatos:

Quem encontrar uma Variant branca, de placa CG-0915, de São Paulo, deve observar bem seu motorista. Ele pode ser Francisco Luiz Campos Soares da Silva, o "Ney", como é conhecido pelos amigos. Partiu dia 4, às duas horas, de São Paulo para o Guarujá. Depois sumiu. A pessoa que mais se preocupa com o seu desaparecimento é sua mulher, a cantora Leny Eversong.[98]

A reportagem dizia que, após uma temporada em Buenos Aires, ela havia retornado com o filho no dia 8 de agosto daquele ano. Na verdade, o filho foi com uma nova namorada – deixando a mulher, Mara, com quem vivia até então, e os dois filhos na casa onde moravam todos, inclusive Leny e o marido, na rua Nilo, no bairro da Aclimação. Quando chegou a São Paulo Leny surpreendeu-se com o fato de Ney não estar em casa, tendo ido para a residência de praia deles, no Guarujá, na madrugada do dia 4, sem ter, no entanto, chegado ao destino. Outra surpresa foi saber que, logo depois de Ney ir para o Guarujá, houve inexplicavelmente um incêndio que quase destruiu um dos quartos do fundo da casa deles, onde ela e o filho costumavam ensaiar e guardar instrumentos e fitas. Leny, àquela altura, acreditava que a única possibilidade do sumiço teria sido "amnésia".

> Ele não tinha motivo aparente para sumir de casa. Desastre com a Variant não foi, pois as estradas foram vasculhadas pela Polícia Rodoviária. A hipótese de sequestro nós afastamos, pois se assim fosse o sequestrador já teria entrado em contato com a gente. Assassinato eu não acredito, pois Ney não dava carona nas estradas e aconselhava Alvin a fazer o mesmo. Só pode ser mesmo amnésia.[99]

A cantora afirmava que Ney nunca manifestara qualquer problema psíquico, mas nos últimos tempos seu marido tinha momentos em que esquecia pequenas coisas. Pensou numa possibilidade mirabolante. Como ele, quando era solteiro, gostava muito de passear pelo mar, ficava em pensões ou ia para as praias mais afastadas e se hospedava em casa de caiçaras (caipiras do litoral), sua hipótese é que tenha sofrido um "ataque de amnésia e seguido para algum lugar que não conhecesse

---

98 Beni Lima Pereira, "Leny Eversong, desesperada, apela: 'ajudem a procurar meu marido'", *O Cruzeiro*, 29 ago. 1973, p. 32.

99 *Ibidem.*

ou, com algum problema psíquico, tenha esquecido e rumado para as praias que costumava frequentar na juventude".

> Ney é um homem de 52 anos. Nunca foi dado a aventuras extraconjugais e sempre cuidou de evitar sensacionalismo em nossa vida particular. Nos amamos muito. Procurei nas gavetas de sua mesa algum bilhete ou recado, mas nada encontrei. Só recortes sobre meu trabalho na TV e nos discos. Nada mais. Só quero uma coisa. Se alguém vir uma Variant 72 de placa CG 0915 avise à Polícia. Ney pode estar precisando de ajuda médica.[100]

No ano seguinte, em abril, uma matéria no *Jornal do Brasil* dizia que ele fora sepultado como indigente dois meses antes no túmulo 979 do Cemitério de Areia Branca, em Santos. A polícia paulista chegou a essa conclusão depois de confrontar as impressões digitais de Luiz Campos com as tiradas de um corpo encontrado em estado de putrefação na praia de Bertioga, no litoral paulista. "Para haver certeza na identificação, o corpo do túmulo 979 será exumado na segunda-feira, confrontando-se as arcadas dentárias", afirmava. Segundo o filho Álvaro, Ney teria sido confundido com um sindicalista e morto por membros do Dops no porto de Santos, em plena época da ditadura militar, em que opositores do regime eram capturados e muitas vezes mortos clandestinamente por agentes federais. E quando veio essa notícia de que poderia ser de seu padrasto esse corpo enterrado como indigente, a polícia da época, ao saber que se tratava do marido de uma artista famosa, apressou-se em dizer que se tratava de um engano. Ou pelo menos assim seu filho contava.

> Meu "pai" [padrasto] sumiu em 1973. Um ano depois, encontraram as ossadas de alguns homens dentro de sacos plásticos e identificaram meu "pai" pelo polegar e indicador, mas logo deram sumiço. Vou dar minha versão como homem de por que ele sumiu. Meu "pai" era meio "putanheiro", mas era companheiro com minha mãe. Eu tenho a impressão de que ele saiu de São Paulo e parou no cais de Santos. Tem boates de primeira à quinta

100 *Ibidem.*

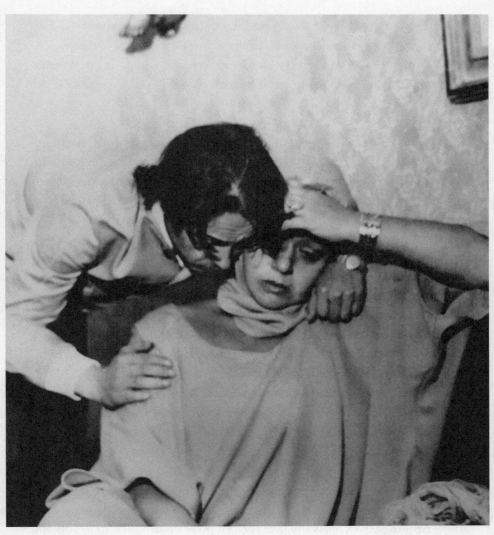

Leny e o filho Álvaro, abatidos pelo desaparecimento de Ney Campos, seu marido.

categoria ali. No registro, você encontra cinco sindicalistas na mesma pasta do meu pai. A meu ver, ele foi confundido e carregado junto com eles. E esconderam o corpo. Isso foi na mesma época que sumiu aquele menino Carlinhos! Quando descobriram que era o marido da Leny, pensaram: "Se aparecer, estamos fritos".[101]

Há, no entanto, outras hipóteses. Apesar do carinho pela mãe e de ter sido seu fiel baterista, Álvaro sempre teve uma vida errante, tendo sido preso algumas vezes por porte e consumo de drogas. Daí que, ao entrevistar alguns colegas do meio artístico para este trabalho, a versão que prevaleceu é que deram um fim no pai, mas queriam mesmo o filho. "O Ney parecia imberbe, tinha o rosto liso, parecia mais irmão que pai [padrasto] do Álvaro. Quando aconteceu seu desaparecimento, corre uma lenda que os bandidos estavam esperando pelo Álvaro, pois ele costumava ir de carro a Santos, daí o confundiram com o Ney, que era aparentemente muito jovem, e o apagaram"[102], contou Roberto Luna em entrevista ao autor. Até a sambista Dona Ivone Lara, que jamais esteve com Leny, mas era sua fã ardorosa, também deu esse depoimento, pelos boatos que corriam: "O problema é que pegaram o marido, pensando que fosse o filho"[103].

Há ainda uma terceira e mais terrível hipótese levantada por alguns à época, porém jamais comprovada publicamente: de que o próprio Álvaro tenha planejado a morte do padrasto, o que ele obviamente refutou, em nossa entrevista.

Nós estávamos em Buenos Aires. Só não fui em cana porque eu estava em Buenos Aires. Uma das bailarinas do Silvio Santos virou empregada nossa, arrumadeira. Quando a polícia falou com ela, disse que eu tinha brigado com meu pai, que eu estava com uma nova mulher e fugi de casa. O que aconteceu é que ia para Buenos Aires com a minha mãe e a minha nova namorada. E meu pai disse: "Mas se você está romântico por que não vai de navio?". Eu disse que não queria ir de navio, queria um carro. Daí então ele

---

101 Entrevista de Álvaro Augusto ao autor em novembro de 2012.
102 Entrevista de Roberto Luna ao autor em março de 2019.
103 Entrevista de Dona Ivone Lara ao autor em agosto de 2000.

respondeu: "Então vai no meu que é melhor para viajar". Me deu um Dodge Dart zero e ficou com a [minha] Variant para ele. Aí deu toda a confusão. Pensaram: "Pegou o carro do pai porque estava devendo a traficantes". Minha mãe escreveu uma carta aberta à população que foi publicada na última folha do *Diário da Noite*, que dizia: "Meu filho não é um santo, mas não é assassino".[104]

Fato é que Ney viajou com o carro que era de Álvaro e seu sumiço trouxe duas consequências trágicas à biografia da cantora. Como eram muito unidos, Leny foi ficando cada vez mais desesperada e desgostosa da vida, jamais se recuperando desse baque. Não bastasse o trauma, ela, casada em comunhão universal de bens, não tinha como reaver seu próprio dinheiro, pois inacreditavelmente estava todo na conta do marido, ou seja, todo o seu patrimônio financeiro ficou bloqueado, pois, de acordo com as leis brasileiras da época, sem o atestado de óbito não poderia ter acesso a ele por vinte anos. Resultado: uma mulher que ficou rica em função do suor do próprio trabalho viu lentamente seu padrão de vida decair, até porque o filho nunca teve uma profissão certa; o que ganhava vinha a reboque dos shows que a mãe conseguia.

Alguns colegas do meio artístico que conviveram com ela disseram que seu comportamento mudou após o sumiço de Ney. A cantora Carminha Mascarenhas foi uma delas. Além de exaltar seu pioneirismo no exterior ("É preciso que se diga que Leny foi a primeira brasileira a cantar em Las Vegas apenas por suas qualidades de cantora. A Carmen Miranda foi um caso extraordinário, porque conseguiu cantar na cidade dos cassinos depois de fazer cinema. A Leny, não. Foi sem filme, sem nada, cantando em inglês"), disse ter trabalhado com ela nas TVs Record e Tupi (no *Almoço com as Estrelas*) e conhecido de perto também o ser humano.

Parecia ter um gênio explosivo por conta de seu tom de voz, sempre muito alto, mas ria e brincava muito. Ela pouco conviveu em grupo, não andava

---

104 Entrevista de Álvaro Augusto ao autor em novembro de 2012. Não encontrei essa carta em minhas pesquisas no referido periódico.

em bando. Era mais caseira, de servir, convidar pouquíssimos amigos para sua casa, aliás, era exímia cozinheira. Fui muito à casa dela, mas antes do marido desaparecer.[105]

De fato, o filho Álvaro diz que seu padrasto não era muito sociável.

Tinha muito poucos amigos, não formava patota. Ao final do show, deixava ela falar com os fãs e iam embora para casa. Isso foi um erro, porque, na hora da queda, o artista precisa ter amigos. Meu pai era chato, era de outro ramo, trabalhava com administração predial... Não entendia como funcionava o meio artístico.[106]

Realmente, depois do ocorrido, tudo mudou. "Era uma grande voz, muito alegre, divertida e amiga, mas depois daquele problema com o marido, ela fez questão de desaparecer do mapa. Ninguém sabia mais onde ela vivia", depôs Angela Maria, em 2000[107]. O cantor Agnaldo Rayol contou:

Ela era sempre forte, bonita e vibrante. Não houve um show que tenha assistido dela que não fosse aplaudida de pé. Mas, nessa época, ela estava muito nervosa, meio descontrolada, perdida e eu disse: "Venha passar uns dias comigo no meu sítio, em Itapecerica da Serra". Já nessa época se sentia meio injustiçada, esquecida.[108]

"Era uma pessoa muito carismática e alegre, que conheci ainda na época da Nacional de São Paulo, mas quando o marido sumiu, cheguei a consolá-la, senti que tinha uma tristeza muito profunda", revelou a cantora e atriz Adelaide Chiozzo[109] ao autor na mesma época. Com um fato, todos os entrevistados concordaram. Leny era uma mulher muito

---

105 Entrevista de Carminha Mascarenhas ao autor em agosto de 2000.
106 Entrevista de Álvaro Augusto ao autor em novembro de 2012.
107 Entrevista de Angela Maria ao autor em agosto de 2000.
108 Entrevista de Agnaldo Rayol ao autor em agosto de 2000.
109 Entrevista de Adelaide Chiozzo ao autor em agosto de 2000.

simples, nada egocêntrica e muito cordata com todos. E também querida pelos músicos. Trabalhou um tempo com Ricardo Albano Junior (futuro marido da cantora Dóris Monteiro), que a adorava, dizia que ela valorizava muito os músicos, inclusive perante o público. Aliás, Leny era tão musical que, mesmo sem saber ler partituras, indicava aos arranjadores o que queria em cada canção. Seu filho Álvaro sublinha que muitos dos arranjos "diferentes" para alguns *standards* que entraram para a história em sua discografia, como o de "Jalousie", foram feitos inspirados em suas ideias e, por vezes, adaptados pelos maestros baseados em seus improvisos vocais.

Numa de suas raras aparições mais generosas na televisão, na *Série Documento*, dirigida por Roberto de Oliveira, na TV Bandeirantes, em 1974, há um momento dramático em que Leny recita uma carta para o marido desaparecido:

Eu sonhei com você, foi um sonho tão real, que quando eu acordei eu peguei um papel, um lápis e escrevi rapidamente uma carta pra você: "Sonhei com você, meu amor. Foi um sonho estranho, complicado como somente os sonhos conseguem ser. Eu vivia numa grande cidade completamente desconhecida, andando em busca de um local que eu não sabia. Enfrentei caminhos maus, andei sob a chuva, sob as enxurradas, e como uma criança desamparada, com as roupas coladas ao corpo, os cabelos escorridos e as faces pálidas, cansada pelo longo caminho percorrido, encontrei-me de repente, num passe de mágica, num recinto acolhedor. E um calor coloriu as minhas faces, secou os meus cabelos e a roupa molhada, aquecendo o meu corpo inteiro. Os meus olhos se iluminaram de repente, eu me sentia mais moça, vinte anos menos... Eu percorri com desenvoltura o caminho que levava até o fim de um salão cheio de gente que eu não conhecia. Eu sentia-me leve como uma nuvem, e sem saber por que eu comecei a cantar uma canção..."

Nesse momento, Leny começa a cantar "Pra você", de Silvio César, um grande sucesso desde que seu autor a gravou em 1971: "Pra você eu guardei/ Um amor infinito... [...] Pra você me guardei demais, demais..." E continuava a récita: "Eu soube sempre, sem precisar ver, que você estava ao meu lado. A emoção se apossou de mim e eu continuei a cantar...", e retomava a canção: "Se você não voltar, o que faço da vida? [...] Eu não sei bem por que/ Terminou tudo assim...". E mais uma vez recitava...

> Eu bem sabia por que estava cantando esta canção. É que ela dizia por si só tudo que eu gostaria de lhe dizer. Uma inquietação misturada de temor me fez olhar para o outro lado: a realidade, a fria realidade. Observava. Você era o sonho, o mundo irreal que eu encontrei para viver melhor na solidão construída de amarguras e decepções. Eu não queria que alguém soubesse da existência deste mundo maravilhoso, só meu. Com dissimulação, eu continuei a cantar a canção até o fim, sem olhar para os lados, repetindo o final, que é como um queixume, um apelo quase mudo...

"Ah, se eu fosse você, eu voltava pra mim" – e terminava de entoar a melodia. A seguir, Leny não deixava por menos e emendava com o samba-canção "Volta", de Lupicínio Rodrigues, grande sucesso de Linda Batista nos idos de 1957: "Volta, vem viver outra vez a meu lado/ Não consigo dormir sem seu braço/ Pois meu corpo está acostumado". Embora o assunto não seja abordado no programa, era um número muito triste, devastador, para quem sabia do que se tratava.

Ainda nos anos 1970, a cantora chegou a ser jurada no *Programa do Bolinha* e atuou em shows esparsos que fazia para sobreviver ou dar uma força ao filho, que tentou por um breve período uma carreira de cantor, de 1974 até o início da década seguinte, gravando o LP *Momentos* na Continental, em 1980, com o nome artístico de Alvinho, conseguindo alguma projeção em São Paulo com a música "Quarto de motel", de Arnaldo Saccomani. Um desses shows foi *O fantástico show do samba*, no Casino Royale, uma casa de shows na Estrada do Joá, no Rio de Janeiro, que ficou cerca de três meses em cartaz a partir de 1º de julho de 1975, de segunda a sábado, atraindo um grande público.

Com locução de Hilton Gomes e Arlênio Lívio, o show tinha a direção do produtor de TV Arthur Farias e de Osmar Frazão. Este último, em depoimento ao autor, conta que, ainda bem jovem, havia conhecido a cantora em 1964, quando produzia o programa *O Homem e o Riso*, de Chico Anysio, na TV Rio, no qual vez por outra ela era convidada a cantar.

Alvinho, o filho de Leny, na época em que gravou seu único LP.

"Ela era muito exigente, mas muito! Esculhambava se as coisas não estivessem como ela queria. Mas, quando chegava a hora de atuar, era porrada! O Chico sempre gostava muito do resultado", recorda Frazão.

Segundo ele, foi um empresário argentino, Matteotti, dono do Casino Royale, quem propôs um show de samba na casa. "A intenção era trazer primeiramente alguns dos melhores calouros do programa *A Grande Chance*, de Flávio Cavalcanti, do qual eu era jurado, como Rico Medeiros, San Rodrigues, Ilse de Paula e Mirna. Eles aqueciam a plateia antes da Leny entrar cantando sambas-exaltação, como 'Canta Brasil' e 'Exaltação à Bahia'", recordou Frazão, testemunhando ainda que a cantora tinha loucura pelo filho Alvinho, que também atuava nesse espetáculo. O produtor só guarda boas lembranças desse tempo: "Leny era ótima pessoa. Vínhamos sempre juntos no mesmo carro na volta dos shows. Ela falava alto e ria também alto. Tinha plena consciência de seu valor e sabia cobrar. Seu cachê não era barato, mesmo nessa época em que o auge de sua carreira já havia passado".

Em 1976, fez sua última grande aparição como cantora na TV. Era um programa de Wilson Simonal na TV Tupi que tinha como convidados, além dela, Cauby Peixoto e Miltinho. Pelo visto, possíveis ressentimentos pelo fato de o cantor ter "tomado" seu programa *Quadra de Sete*, na Record, em 1966, foram totalmente superados, até porque, naquele momento, ambos já estavam em busca da fama perdida, confraternizando-se. Seu *medley* solo com "Some of These Days" e "I Can't Give You Anything but Love", acompanhada por um quarteto, incluindo Araken e Moacyr Peixoto, irmãos de Cauby, respectivamente no trompete e piano, mostrava que ela estava em plena forma.

Após esse período, Leny foi diminuindo cada vez mais não apenas suas atividades profissionais, como até mesmo sua vida social, que jamais fora muito agitada. Vez por outra, mais para o final da década de 1970, o produtor Darby Daniel, figura conhecida no meio *gay* paulistano, era dos poucos que conseguia tirá-la de casa. Ele a levava para dar canjas em casas como Viva Maria e na boate de Sargentelli, na avenida Paulista, e também para ser homenageada nas boates *gay* da capital, que nessa época começavam a sair da invisibilidade, como Nostro Mundo. Mas fato é que ela progressivamente desapareceu da vista de todos.

Participação especial: convite do show em que Leny atuou no Casino Royale, no Rio, em 1975.

Em 1983, há três anos morando em Mairiporã, na Grande São Paulo, Leny deu uma entrevista ao programa de Sérgio Chapelin no quadro "Onde anda você", na fase em que o apresentador saiu por um ano da TV Globo, indo para o SBT. Estava bem mais magra, mas ainda bonita e bem disposta, explicando que milagrosamente estava viva, pois dois meses antes estava num hospital desenganada pelos médicos. Porém não queria cantar mais. Era visível seu desconforto com a engrenagem da indústria do *show business* musical no país, e seu constrangimento com o esquecimento ao qual fora relegada por empresários, colegas e pela mídia em geral. Dizia não querer cantar mais "nem em casa".

Num outro programa de TV, na mesma época, disse que a razão pela qual não cantava mais era, entre outros problemas, o fato de sofrer de uma "asma cardíaca". Contudo, era mesmo a mágoa que falava mais alto: "Cheguei a ganhar prêmio de melhor cantora norte-americana, mas não tenho culpa. O Brasilzinho por mim nunca fez nada", desabafou ainda no programa do SBT. Também lamentava que seus discos não estivessem mais em catálogo, praguejando: "Brasileiro tem a mania de ter bom enterro, a gente morre sempre muito bem, mas não vou deixar que ninguém diga [divulgue] quando eu morrer, porque aí que fazem disco, fazem aqueles LPs [comemorativos póstumos]... Morrer no Brasil é uma glória, mas eu não vou dar esse gosto!".

No ano seguinte, já parecia outra mulher numa breve entrevista para um programa jornalístico do SBT. Sua imagem era triste e dramática. Morando de favor na casa de uma amiga, já doente, sofrendo de diabetes, que àquela altura ainda não possuía tratamento adequado, tinha o quadro clínico agravado por insuficiências cardíaca e respiratória (devido a problemas de pressão alta, e por isso, aliás, nunca pôde cantar na Cidade do México ou em Bogotá, lugares altos). Aparecia deitada num sofá, faltando-lhe alguns dentes no fundo da arcada, dizendo que teve de vender bens para pagar algumas contas, inclusive "discos de ouro" para comprar comida.

"Pra que me serve Disco de Ouro, medalha de ouro se não posso pendurar no pescoço porque parece melancia para chamar a atenção? Para usar não podia, para guardar por quê, se eu precisava de dinheiro? Cheguei a ter de ir para a casa de uma sobrinha para comer!", disparava. "Tive grandes glórias, mas vou te contar uma coisa: eu esperava muito mais do que eu tenho hoje em dia, mais alegria na minha velhice. Trabalhei a minha vida inteira e a minha velhice não tem compensado todo o sofrimento da minha juventude. Não estou pedindo nada a ninguém, estou pedindo [apenas] o que eu fiz", disse às lágrimas. No entanto, afirmava que sua voz ainda estava no lugar e arriscou, mesmo deitada, o último agudo de "Jezebel". E conseguiu.

Seu antigo pianista, Pedrinho Mattar, contou que, no fim da vida, pelo fato de não poder mexer no próprio dinheiro, foi parar numa enfermaria do Hospital Nossa Senhora do Desterro em Mairiporã, a trinta quilômetros da capital paulista, onde já havia amputado dois dedos do pé esquerdo na tentativa de eliminar um processo infeccioso. "Estava abandonada. Eu a tirei de lá e coloquei num quarto particular. Pouco depois, faleceu." Leny se foi em 29 de abril de 1984, não sem deixar uma longa carta para ser lida no seu velório, antes de ser cremada.

Logo após a minha morte, não me encerrem em lugar nenhum, nem em momento nenhum me tampem o caixão. Só assim a minha alma terá paz. Depois, quando estiver na hora, desejo ser cremada. Não quero ser nem enterrada nem engavetada. Minhas cinzas meus filhos jogarão numa montanha ou no mar. Não joguem em lagos, que geralmente são águas paradas. Quero pensar que depois da morte permanecerei junto à vegetação e às grandes árvores ou então junto ao profundo e imenso mar...[110]

Pouco antes da partida, confidenciou a uma antiga empregada: "Estou muito doente, acho que vou morrer por amor". Ney só foi declarado morto 14 anos depois de seu sumiço, ou seja, em 1987, sem maiores explicações. Álvaro herdou o dinheiro, já bastante desvalorizado, e teve uma nova e terrível fase ligada às drogas. "Em 1986, minha mulher morreu de leucemia e meu filho teve aids. Aí eu caí nas drogas. Minha vida virou algo parecido com aquele filme *Meu nome não é Johnny*[111]. Tive dez *overdoses* sozinho. Cheguei a ser preso novamente, em 1995", declarou[112]. Nesse meio-tempo, morou no Sul do país, ficando um tanto depressivo e distante de todos. No fim da vida, recluso, porém menos que nas décadas de 1990 e 2000, viveu numa casa modesta em Mairiporã, até falecer em 2017, aos 76 anos, tendo tido pelo menos algumas alegrias por estar conectado a tantos fãs de sua mãe e velhos amigos de ambos pelo Facebook. Entretanto, era visível seu remorso por ter prejudicado em alguns momentos a carreira da mãe, que tanto amava, e de quem tanto se orgulhava.

---

110 Carta lida em imagem do velório da cantora no documentário *Leny, a fabulosa*, de Ney Inácio, WRC Produções, 2015. Quando a cantora se refere aos "meus filhos" é porque no fim da vida, além de Álvaro, a cantora teve uma jovem amiga que também tratava como filha.

111 *Meu nome não é Johnny*, de Mauro Lima (2008), conta a história verídica de João Guilherme Estrela, um rapaz bem-nascido da Zona Sul carioca que virou traficante.

112 Entrevista de Álvaro Augusto ao autor em novembro de 2012.

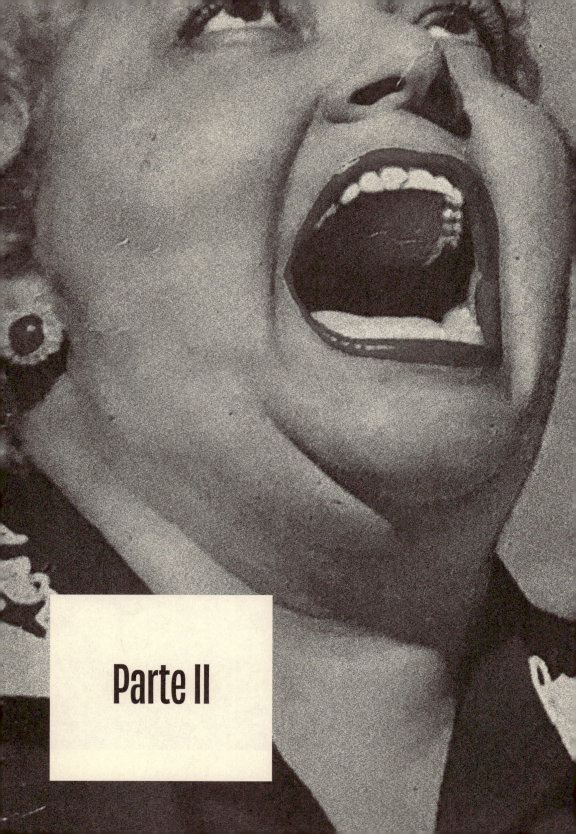

Parte II

O legado de
Leny Eversong

O apagamento
da memória

Crepúsculo é o momento do dia que prenuncia a noite do esquecimento, mas que parece retardar o próprio tempo, um estado intermediário no qual a última luz do dia ainda pode representar suas maravilhas finais. É o tempo privilegiado da memória.

Andreas Huyssen[113]

A partir do conhecimento da intensa história de Leny Eversong é inevitável questionar qual a razão de ela ter sido completamente apagada da memória do país. Ainda que o Brasil nunca tenha sido um exemplo de nação que cuida com grande esmero de sua memória cultural, sabemos que aqui e ali figuras importantes costumam ser reverenciadas ao menos dentro de seus próprios nichos de atuação. Mas, no caso

---

113 Andreas Huyssen, *Twilight Memories*, Londres; Nova York: Routledge, 1994, p. 3. "Twilight is that moment of the day that foreshadows the night of forgetting, but seems to slow time itself, an in-between state in which the last light of the day may still play out its ultimate marvels. It is memory's privileged time."

dela, até mesmo no meio musical foi inteiramente esquecida. É impressionante que em mais de cinquenta anos, de 1970 à conclusão deste trabalho, em 2023, a cantora não tenha sido citada em lugar nenhum, tampouco figure nos livros dedicados à história da música brasileira, nem em qualquer tipo de retrospectiva em televisão, mesmo em pautas sobre os artistas da música que triunfaram no exterior. Isso precisa ser grifado porque não se trata de meia dúzia de apresentações, e sim de mais de 700 shows no exterior, 630 só nos Estados Unidos, segundo levantamento documentado por seu filho Álvaro (e comprovado em matérias de imprensa), além dos programas de rádio e televisão. As tentativas de resgatar a carreira de Leny tiveram alcance muito limitado, como foram o LP da série *Convite para ouvir*, da RGE, em 1989, os CDs já mencionados na introdução deste livro, lançados pela Som Livre e EMI (em 2002, 2007 e 2012), outro em 2005 editado pelo selo Revivendo do pesquisador Leon Barg (especializado em discos de 78 rpm), todos com pequena tiragem, e um documentário do jornalista Ney Inácio, de 2014, que não entrou no circuito comercial, sendo lançado sem maior alarde em DVD independente e exibido apenas pelo Canal Brasil.

Se Leny tivesse residido nos Estados Unidos, como fizeram Carmen Miranda e, já na fase pós-bossa nova, em boa parte de suas carreiras, Tom Jobim, Luiz Bonfá, João Gilberto, Sérgio Mendes, Astrud Gilberto, Walter Wanderley, entre outros, dificilmente seria esquecida, pois a indústria do entretenimento americano sempre soube valorizar o catálogo de discos e filmes dos seus ídolos do passado, adaptando-se às novas tecnologias. E não fazem isso só por uma preocupação sociológica ou política, mas por uma simples razão mais prática: é um negócio lucrativo. Então, por que a cantora, após uma temporada na Europa e três de tanto sucesso nos EUA, entre 1957 e 1960, só voltaria aos países de grande visibilidade internacional, do hemisfério norte, por quarenta dias em 1968, no prestigiado Latin Quarter de Nova York? A resposta é dada por seu filho Álvaro.

Depois da terceira temporada no Hotel Thunderbird, seu dono morreu, e logo fecharam também a agência MCA. Nos Estados Unidos, você precisa ter uma agência que possui todos os contatos e um *personal manager*. O Jim Murray, que era agente da MCA, ficou independente. Esse cara investiu grana, comprou uma passagem e foi ao Guarujá [em 1962] convidar a minha mãe para cantar no hotel dele, o The Mint, que era na rua do fundo, a Free-mont Street, e não na rua principal. Minha mãe falou: "Se não é pra cantar na Las Vegas Street, onde estão os maiores, não quero". Pura vaidade! Só que esse The Mint era um hotel-cassino fabuloso, em *downtown*, não era uma coisa menor, e esse cara foi da mesma equipe que mandou minha mãe para Paris anos antes. Ele ficou muito puto. Investiu grana e tal. E ela se negou. Não adiantou eu insistir. Ela estava cheia do dinheiro também e não aguen-tava mais essas turnês.

Quinze dias antes de falecer, Leny contou numa reportagem do jornal *O Globo* o lado menos glamoroso de suas turnês em Las Vegas. "A gente tinha que repetir o mesmo show sem mudar uma vírgula, sem improvisar um sorriso. Era chato demais. A única coisa que mudava era o público", desabafou. Mas não era apenas o cansaço. A verdadeira cau-sa de não querer morar nos Estados Unidos tinha a ver principalmente com o próprio filho.

A concorrência nos Estados Unidos é muito maior do que em qualquer ou-tro lugar. Você começa a decolar, volta pro Brasil, perde, como minha mãe perdeu, todas as chances. Primeiro teve a confusão com o Paulo Alencar, o empresário dela no exterior, com quem meu pai cismou. Depois, teve uma história de um gângster que queria comprar o contrato dela da MCA. O cara tinha não sei quantos cassinos, hotéis com boates, ia mandar fazer filme com ela... Meu pai entrou nessa também e atrapalhou. Depois teve o Jim Murray no Guarujá. Mas a verdade é que ela tinha que ter ficado lá e não ficou por minha causa. Eu estava apaixonado por uma menina de Piracicaba, a atriz Vera Lucia Garroux, que depois virou Baby Garroux, e trabalhou em novelas na TV Bandeirantes. Aí fiquei amarrado e não queria sair daqui. Acabei não indo na terceira turnê americana dela. Quando ela e meu pai [padrasto] vol-taram, como era muito agarrada comigo – porque o meu pai [biológico] me separou dela quando eu era menino – não quis ficar longe de mim.[114]

114 Entrevista de Álvaro Augusto ao autor em novembro de 2012.

Leny passou a obrigar seus contratantes, inclusive internacionais, a colocá-lo como baterista em suas apresentações. Além de realmente muitos bateristas americanos não saberem lidar bem com as síncopes dos sambas-exaltação que ela incluía no repertório, era o álibi perfeito para manter o filho sempre a tiracolo. Entre 1965 e 1966, Álvaro foi preso pela primeira vez por porte de drogas, mas logo foi solto. Isso fez a mãe redobrar sua atenção sobre ele e o querer mais ainda sempre por perto. Mas, como o próprio explicou, devido também a seus namoros (e à própria vida desregrada), não queria mais acompanhá-la em viagens muito longas. Leny então não quis se mudar para os Estados Unidos, onde seria seguramente mais valorizada, pois naquela época havia espaço por lá para cantoras fora do padrão normativo de beleza e voz – haja vista o triunfo de nomes como Mahalia Jackson e Ella Fitzgerald.

Sendo assim, proponho três razões que contribuíram para seu desaparecimento da memória do país. Uma seria a visão negativa, desconfortável e por vezes caricatural dos corpos obesos em nossa cultura, aliada ao fato de ter também uma voz muito poderosa, igualmente fora da regra geral normativa, ou seja, um corpo (como um todo, voz e físico) fora dos padrões. Basta dizer que, mesmo no período áureo de seu sucesso, enquanto Angela Maria, Emilinha Borba e Marlene, por talento, mas também por seu tipo de beleza, foram capa, cada uma, de mais de 250 revistas, Leny teve sua estampa na capa apenas de meia dúzia de publicações. Mesmo vista e exaltada como grande cantora, em função do "incômodo" da gordura, tal característica era sempre repisada nas entrevistas e citações do seu nome.

A segunda razão seria pela questão do nacionalismo, no sentido do nacional popular, de valorizar as "coisas nossas", o samba, o folclore, as raízes brasileiras, que foi bastante semeado na intelectualidade do país, desde fins do século XIX, tendo sido revalorizado em nossa música popular particularmente em dois momentos: na Era Vargas, como parte da propaganda do Estado brasileiro, apropriando-se da linguagem de nosso samba para ganhar respaldo na população do país e até internacionalmente – exportando comitivas de artistas de samba e também de choro, frevo, baião e congêneres em eventos oficiais –; e, num segundo momento, no período da ditadura militar de 1964 até o seu arrefecimento, no início dos anos 1980, de uma forma um pouco diferente.

Se esses militares evocavam as belezas naturais e os símbolos nacionais clicherizados para promover seu "milagre econômico", que contraditoriamente abria cada vez mais a economia (e os meios de comunicação de massa) às multinacionais, sobretudo norte-americanas, havia uma reação por parte de artistas, críticos, jornalistas e intelectuais, pois já sabiam àquela altura que o golpe fora em parte financiado pelos Estados Unidos, como comprovam documentos recém-descobertos. Eles passaram, então, a patrulhar figuras do ramo cultural que comungassem com os ideais governistas. Assim, os artistas que cantavam, compunham ou dançavam ritmos da moda importados dos americanos (como os roqueiros dos anos 1960 e 1970, ou os dançarinos dos bailes *black* setentistas) não eram levados muito a sério ou prestigiados, além de severamente criticados, considerados tristes decalques ou incentivadores do "imperialismo ianque". Tais artistas nem eram inseridos na história considerada relevante de nossa música popular ou então, a contragosto, podiam ser até citados, mas sempre de forma menos generosa.

Há ainda uma terceira razão, que é o fato de Leny não se encaixar nos critérios tradicionais dos historiadores, pois sua atuação transcendia a dos movimentos musicais do tempo de sua consagração, os anos 1950 e 1960, ainda mais por cantar essencialmente canções internacionais. Quando interpretava o cancioneiro nacional – por vezes números de samba-exaltação famosos no passado – também o fazia com muita voz e explosão. Consagrada já numa idade considerada madura em sua época, era diferente tanto de suas colegas de geração, que abraçaram estilos ora mais românticos, ora chegados ao samba, quanto das cantoras jovens que começavam nesse tempo, fossem da chamada MPB, do samba, do bolero ou do rock nascente.

Diante disso, é preciso entender como se dá a construção da memória em nossa sociedade. Para o sociólogo francês Maurice Halbwachs, "só temos capacidade de nos lembrar quando nos colocamos no ponto de vista de um ou mais grupos e de nos situar novamente em uma ou mais correntes de pensamento coletivo. [...] A memória coletiva não explica todas as nossas lembranças"[115]. Ou seja, há uma tendência da historiografia de tentar construir uma memória consensual coletiva cultural – e isso inclui, em nosso caso, a da música popular brasileira. Acontece que cada pessoa e até mesmo cada artista é um depositário de centenas de memórias que não espelham homogeneamente apenas a memória de um só grupo social, mas de várias coletividades. Sendo assim, o trabalho do historiador é sempre falho por privilegiar certas memórias em detrimento de outras, hierarquizando-as. Entretanto, o assunto é um pouco mais complexo do que parece e nos leva a uma nova questão: que memórias seriam mais assimiláveis? Haveria memórias mais palatáveis, mais generosamente absorvíveis do que outras?

Para o professor alemão Andreas Huyssen, que estudou a fundo a questão, "muitas das memórias comercializadas em massa que consumimos são 'memórias imaginadas' e, portanto, muito mais facilmente esquecíveis do que as memórias vividas"[116]. Essas "memórias imaginadas" são, portanto, memórias desconstruídas a partir de alguns critérios de exclusão que poderíamos chamar de "memória da ausência", uma espécie de "memória do não". Ou seja, ao lembrarmos de Leny Eversong, poderíamos evocar significantes que estão muito além da grande intérprete que triunfou internacionalmente: "Você conhece a Leny?", "Aquela que era gorda?", "A que cantava com uma voz estranha, forte demais?", "Que quase não cantava música brasileira?". É a memória pelo reverso, não pelo aspecto que lhe é de direito, pois há uma construção cultural de memórias eleitas como desejáveis, interessantes, sempre recorrentes, na maior parte das vezes cristalizadas à nossa total revelia, no nível do inconsciente, como existem também as indesejáveis, incômodas, com relação às quais há um consenso de apagamento muito mais ostensivo.

---

115 Maurice Halbwachs, *A memória coletiva*, São Paulo: Vértice, 1990, p. 36-7.
116 Andreas Huyssen, "Passados presentes", em: *Seduzidos pela memória*, Rio de Janeiro: Aeroplano, 2000, p. 18.

Pintura viva: imagem de 1963.

Leny, então, teria sido silenciada por estar justamente na "contra-memória" da história. Sua figura corpulenta e de voz diferente teria sido apagada por estar fora dos cânones tradicionais, dos escaninhos onde normalmente eram enquadrados os cantores de música popular do século XX. Ela era "cantora do rádio", mas não fez sucesso como uma típica cantora de rádio, como Carmen Miranda, Aracy de Almeida, Linda Batista, Dalva de Oliveira, Angela Maria, Marlene ou Emilinha Borba. Era uma cantora "brasileira", mas não teve grandes sucessos em português nem mesmo com versões de *hits* estrangeiros. Suas maiores criações como intérprete foram entoadas em inglês ("Jezebel", "Mack the Knife") e espanhol ("El cumbanchero", "Tierra va tembla", "Granada").

Ela cantou em festivais de música dos anos 1960, mas não se celebrizou por isso. Fez teatro, novela e inúmeros programas de televisão, mas não chegou a ser um ícone em nenhum dos três veículos, como foram Elis Regina, Jair Rodrigues, Caetano e Gil nos festivais televisivos ou Bibi Ferreira na TV e no teatro. Gravou canções modernas inéditas ou pouco conhecidas em português evocando o folclore ("Lamento tupi"), em ritmo de baião ("Do pilá", de Jararaca, três décadas depois resgatada por Tom Jobim na canção "Gabriela"), samba-canção ("Portão antigo", "Exemplo"), sambalanço ("Samba internacional"), bossa nova jazzística ("Aleluia", "Gangazuma"), jequibau (a canção-tema do ritmo paulistano recém-criado) e canções originais de festivais ("Lá vem o bloco"), mas nada disso foi tão forte quanto sua alcunha de cantora internacional.

O caráter "antimonumental" ou "negativo" da memória, como conceitua o professor Rogério da Silva Lima em seus estudos na Universidade de Brasília (UnB), é fundamental para que não sejam esquecidas não só figuras importantes do meio artístico-cultural, como também, num âmbito político mais amplo, as "memórias de histórias de violências extremas cometidas pelos agentes dos Estados autoritários: memórias de ações de destruição de todas as espécies de vozes políticas discordantes, ações que se materializam em extermínios, violência em massa, genocídios"[117]. "Devido às características e interesses culturais e

---

117 Rogério da Silva Lima, "Memória, identidade, território: a ficção como monumento negativo", *Guavira Letras*, n. 18, jan.-jul. 2014, p. 306.

políticos do tempo presente, [essas memórias] tendem a desaparecer, a se tornarem invisíveis, caindo em total esquecimento, atingindo uma 'existência desaparecida', a invisibilidade."[118]

118 *Ibidem.*

O "nacional popular" e a música brasileira

O conceito de "nacionalismo" não é tão antigo quanto parece. Ele nasce num momento em que o Iluminismo e a Revolução Francesa estavam pondo abaixo a fortaleza dos reinos dinásticos e da ordem divina no mundo europeu. Procurava-se então ligar as pessoas umas às outras não por serem súditos de uma realeza ou fiéis de um Deus soberano, mas por camaradagem e afinidades em outras esferas, estabelecendo a ideia de um "nós" coletivo. As comunidades passaram a ser "imaginadas". Em outras palavras, segundo o historiador e cientista político Benedict Anderson, com o declínio dos sistemas divinos e religiosos (comunidades, línguas e linhagens sagradas) ocorrem transformações nos modos de "aprender o mundo" que possibilitam "pensar a nação"[119].

Ainda segundo ele, foi por meio do material impresso – romances, jornais – que as nações se converteram em comunidades sólidas, recorrendo constantemente a uma história previamente selecionada – e nisso a língua adotada nas publicações tem um papel fundamental, pois antes tudo era registrado basicamente em latim. Isso dava uma sensação de solidez, naturalizando essa história e o próprio tempo de cada "nação", algo que depois foi mais bem difundido e categorizado por esses novos Estados através de censos, mapas e museus que serviam para os legitimar e diferenciar dos demais. O apego que os povos passaram a ter às suas imaginações no sentido de se diferenciarem por essas características de "nação" passou a ser tão forte que até a morte era justificável em defesa daquilo que, no fundo, era simplesmente uma "invenção" de singularidade.

Quem melhor exemplificou esse conceito de Benedict Anderson foi a professora Lilia Schwarcz: "Os mexicanos retornam a um passado asteca ainda que não falem mais a língua; os uruguaios selecionam 'um herói indígena', e os suíços recorrem sempre a seu 'tradicional multilinguismo' quando essa realidade é absolutamente recente e data de finais do século XIX"[120]. Em outras palavras, é por meio da identidade com a nossa língua – que conhecemos ao nascer e só perdemos quando morremos – que passamos a ser capazes de entender nosso passado e presente e a ambicionar nosso futuro.

Curiosamente, o "nacional" pode nos remeter a uma união total de características semelhantes de uma mesma comunidade, porém, desde sua origem, esse conceito correspondia apenas a um termo genérico. Na prática, só era valorizado aquilo que a ótica do grupo dominante (o burguês), de maior poderio econômico, elegia à sua imagem e semelhança, ou seja, o forte numa nação deveria estar ligado a noções de heroísmo, dominação e posse de um território em que sua voz prevalecia[121].

---

119 Benedict Anderson, *Comunidades imaginadas*, São Paulo: Companhia das Letras, [1983] 1991, p. 12.
120 Lilia Moritz Schwarcz, "Imaginar é difícil (porém necessário)", em: Benedict Anderson, *op. cit.*, p. 14.
121 José Luís Jobim (org.), *Literatura e identidades*, Rio de Janeiro: Uerj, 1999, p. 51.

Em termos de Brasil, Lilia Schwarcz chama à atenção que, em plena época do Império, nos víamos como "europeus ou no máximo indígenas (tupis, de preferência), isso quando mais de 80% da população era constituída de negros e mestiços": "Na representação oficial 'esquecemos' a institui- ção escravocrata – espalhada por todo o país – e exaltamos a natureza pro- vedora dos trópicos, como se o país fosse feito basicamente da imagem de sua flora exuberante". Ela frisa ainda o verdadeiro "milagre" operado nos anos 1930, quando a vergonha que as classes dominantes tinham de sua própria mestiçagem se transforma na nossa verdadeira redenção. "A partir de então, a capoeira e o candomblé virariam 'nacionais', do mes- mo modo que o samba e o próprio futebol, o qual era destituído de sua identidade inglesa e se transformava – como em um passe de mágica – numa marca de brasilidade."[122]

Os símbolos de todas as nações se tornam, portanto, eficientes quan- do se afirmam no interior de uma lógica comunitária afetiva de sentidos e quando fazem da língua e da história "dados naturais e essenciais", de preferência não passíveis de dúvida e questionamento. Assim,

> nos transformamos no país do samba e do futebol, e é por eles que morremos ou defendemos a nacionalidade. A ideia da exclusão social e da violência é de certa maneira recente em nossos noticiários, e nunca fez parte de nos- sa "imaginação nacional". Enquanto imaginário, "Deus continua brasileiro" e gosta de cachaça e caipirinha. A nação constrói tempos vazios e homogê- neos, e amnésias coletivas fazem parte desse jogo político, também por aqui, muito bem disputado.[123]

A noção de nacionalismo em nossa cultura começou a ser discutida no Brasil Império, por escritores como José de Alencar e posteriormente Machado de Assis, e no caso da música, no âmbito erudito, gerou mesmo um movimento homônimo que marcou a obra de dezenas de compo- sitores como Carlos Gomes, Francisco Mignone e Lorenzo Fernandes, chegando às primeiras décadas do século XX com muita força, tendo no

---

122 Lilia Moritz Schwarcz, *op. cit.*, p. 15-6.
123 *Ibidem*, p. 16-7.

maestro Heitor Villa-Lobos um de seus maiores defensores. A plataforma ideológica do nacionalismo musical modernista, segundo o ensaísta José Miguel Wisnik, tentava estabelecer um "cordão sanitário-defensivo" que separasse a "boa música" (resultante da aliança da tradição erudita nacionalista com o folclore [rural]) da "música má" (a popular urbana comercial e a erudita de raiz europeia, quando esta quisesse se passar por música brasileira, ou quando de vanguarda radical).

No Brasil, a combinação entre o nacional e o popular na arte visava criar um espaço estratégico no qual o nosso projeto de nação não via com bons olhos o avanço da modernidade capitalista, que incluía as vanguardas estéticas e o mercado cultural. Nas palavras de Wisnik, a ideologia nacionalista na música modernista lutava por uma "elevação estético-pedagógica" do país, capaz de traduzir e sensibilizar nosso povo – que estava sendo corrompido pelos meios de massa, especialmente o rádio –, sempre com uma tendência a reduzir o popular ao mito de origem e da pureza das raízes, de forma romântica, com ênfase em nosso passado folclórico, mas ao mesmo tempo sem perder de vista a chamada "alta cultura" europeia. A música era vista como lugar estratégico na relação do Estado com as maiorias iletradas do país, um nicho que deveria ser ocupado pelos grandes corais, pela prática disciplinadora cívico-artística do orfeão escolar, pelo samba da legitimidade – que, desmentindo toda a sua tradição, exaltaria as virtudes do trabalho e não as da malandragem[124].

Centralizador e paternalista, alimentado pela ilusão de imprimir homogeneidade à cultura nacional e de minimizar as tensões sociais, o programa criado pela intelectualidade nacionalista do Brasil não pôde entender essa dinâmica complexa que se abria com o aparecimento de uma cultura popular urbana (incluindo a música) baseada em múltiplas apropriações de outras culturas importadas. O "intelectual organizador-da-cultura" do país e os próprios agentes governamentais não contavam com o fato de que a nossa música popular sempre foi um espaço de resistência mais forte que sua "emulação cívico-patriótica".

---

124 Enio Squeff e José Miguel Wisnik, *Música: o nacional e o popular na cultura brasileira*, São Paulo: Brasiliense, [1982] 1983, pp. 134-5.

Um dos primeiros a difundir uma visão mais arejada sobre o nosso nacionalismo musical, ainda que até certo ponto o defendesse noutros aspectos, foi Mário de Andrade. Ele já problematizava o assunto em seus textos, como o *Ensaio sobre a música brasileira*, escrito em 1928. Primeiramente, enumerava nosso passado musical de intercâmbio racial e cultural:

> Cabe lembrar mais uma vez aqui do que é feita a música brasileira. Embora chegada no povo a uma expressão original e étnica, ela provém de fontes estranhas: a ameríndia em porcentagem pequena; a africana em porcentagem bem maior; a portuguesa em porcentagem vasta. Além disso, a influência espanhola, sobretudo a hispano-americana do Atlântico (Cuba e Montevidéu, habanera e tango) foi muito importante. A influência europeia também, não só e principalmente pelas danças (valsa, polca, mazurca, schottish) como na formação da modinha. [...] Além dessas influências já digeridas temos que contar as atuais. Principalmente as americanas do jazz e do tango argentino. Os processos do jazz estão se infiltrando no maxixe. [...] E tanto mais curioso que os processos polifônicos e rítmicos de jazz que estão nele não [o] prejudicam em nada. É um maxixe legítimo. De certo os antepassados coincidem...[125]

A seguir, explicava, *ipsis litteris*, o quão equivocada era a ideia de um purismo nacionalista radical em termos musicais. "Se de fato o que já é caracteristicamente brasileiro deve nos interessar mais, se é preconceito útil preferir sempre o que temos de mais característico: é preconceito prejudicial repudiar como estrangeiro o documento não apresentando um grau objetivamente reconhecível de brasilidade." E bradava que o artista não devia ser nem exclusivista nem unilateral.

> Se a gente aceita como brasileiro só o excessivo característico cai num exotismo que é exótico até para nós. O que faz a riqueza das principais escolas europeias é justamente um caráter nacional incontestável, mas na maioria dos casos indefinível. Todo o caráter excessivo [...] é perigoso. Fatiga e se torna facilmente banal. É uma pobreza.[126]

125 Mário de Andrade, *Ensaio sobre a música brasileira*, São Paulo: Vila Rica; Brasília: INL, 1972, p. 6.
126 *Ibidem.*

Como bem descreveu Mário, sempre houve mescla da nossa música popular com a dos mais diversos países europeus, africanos e americanos. Nossos ritmos principais nasceram justamente dessa interseção multiétnica, com referências da habanera e do tango espanhol (tango brasileiro, choro), da polca da região da Boêmia, hoje República Tcheca (tango brasileiro, choro, maxixe), dos batuques de povos africanos sudaneses e bantos (lundu, samba), das modas e marchas portuguesas (modinha, marchinha), das cançonetas francesas (as nossas cançonetas), do bolero mexicano, espanhol e latino-americano em geral (samba-canção e, mais tarde, samba-reggae, via Jamaica), da polca paraguaia (música caipira/sertaneja), do *mariachi* mexicano (sertanejo "brega" e "brega--romântico" em geral), do merengue caribenho e das Guianas (lambada) e, claro, da música norte-americana, que com o passar do tempo acabou prevalecendo em relação às demais, no mundo inteiro.

Embora isso pareça óbvio – desde a época de Mário, nos anos 1920 – até pelo menos o final dos anos 1980, o patrulhamento do "nacional popular" se manteve firme, sendo uma pedra no sapato na trajetória de muitos artistas – em maior ou menor grau – que alcançavam popularidade, mas não prestígio entre os acadêmicos, críticos e historiadores. Nessas sete décadas, porém, tal patrulhamento se mesclou a alguns outros fatores que merecem ser destacados – para o bem e para o mal.

Quando Pixinguinha e seu grupo Os Oito Batutas voltaram de Paris, em 1922, após residirem e trabalharem seis meses por lá, com as passagens compradas pelo milionário Arnaldo Guinle, foram acusados de terem perdido a "essência brasileira": viraram "jazzistas" no entender de alguns críticos. Até mesmo o choro "Carinhoso", do mesmo Pixinguinha, à época apenas instrumental, que com o passar dos anos, tendo ganho letra de Braguinha, tornou-se uma das músicas mais representativas da história de nossa música popular, foi taxado de americanizado pelos puristas patriotas de plantão.

Francisco Alves, que além de ter sido um dos responsáveis pela fixação do samba no gosto dos brasileiros, pois foi o mais popular cantor de seu tempo (e o que mais gravou), sendo um dos pioneiros a investir nos chamados Bambas do Estácio, que renovaram o estilo tal e qual conhecemos hoje, também gravava o melhor do cancioneiro internacional, como *one steps*, *charlestons* e, sobretudo, foxtrotes, que foi o primeiro gênero a virar moda de Norte a Sul entre os brasileiros. Isso graças às grandes orquestras norte-americanas em voga nos anos 1930, 1940 e 1950, mesmo período em que, findo o cinema mudo, a indústria de Hollywood abraçou a cultura mundial difundindo seu *American way of life*. Pois Chico Alves também foi criticado por gravar foxes. E os cantores do rádio que registravam versões de músicas estrangeiras de suas épocas eram também bastante malvistos pela crítica e *intelligentsia* em geral.

Por outro lado, algumas composições do início dos anos 1930 denunciavam a cultura eurocêntrica e/ou americanizada que os brasileiros passaram a adotar como sinônimo de "bom gostismo" e sofisticação em detrimento da nativa. Esse ranço pedante acabou ajudando a amaldiçoar todos os artistas que se aventurassem a subverter os cânones musicais nacional-patrióticos. O irônico samba "Não tem tradução" (Vadico, Noel Rosa), lançado em setembro de 1933 pelo mesmo Rei da Voz, Francisco Alves, endossa esse pensamento em pelo menos três passagens da letra que são verdadeiros documentos de época. Logo na abertura, mostra o impacto da indústria cinematográfica norte-americana em nossa cultura ("O cinema falado é o grande culpado da transformação"), a mania do fox ("Mais tarde o malandro deixou de sambar, dando pinote/ Na gafieira a dançar o foxtrote") e o esnobismo do brasileiro médio de achar que tudo que vinha da França ou dos Estados Unidos era superior. Neste caso foi sarcástico, citando o melhor exemplo que alguém poderia dar, ou seja, na hora da raiva, ninguém ofende seu interlocutor em inglês:

> Lá no morro,
> Se eu fizer uma falseta
> A Risoleta desiste logo
> Do francês e do inglês.

Assis Valente forneceu repertório a Carmen Miranda na mesma época com "Good-bye" (1933), que confere igualmente uma visão crítica dessa americanização.

> Good bye, good bye, boy!
> Deixa a mania do inglês!
> É tão feio pra você, moreno frajola
> Que nunca frequentou as aulas da escola
> [...] Não é mais "boa noite" nem "bom dia"
> Só se fala "good morning", "good night"
> Já se desprezou o lampião de querosene
> Lá no morro só se usa luz da Light.

Já a cultura francesa, que desde o final do século XIX até o início dos anos 1950 era muito intensa no país, sobretudo na capital federal, foi imortalizada pelo mesmo Assis Valente em seu primeiro sucesso, "Tem francesa no morro" (1932), interpretado pela cantora-vedete Aracy Côrtes, justo ela que triunfou no teatro de revista, um costume francês que se instaurou no Rio, sendo um ótimo exemplo de simulacro bem-sucedido em nossa cultura, pois nossos revistógrafos conseguiram criar uma linguagem própria e bem popular a seu tempo – de 1875 até meados da década de 1930.

> Donnez-moi s'il vous plaît
> L'honneur de danser avec moi
> Danse Ioiô, danse Iaiá
> Si vous fréquentez macumbe
> Entrez na virada e fini pour sambá
> Danse Ioiô, danse Iaiá...

Alcyr Pires Vermelho e Alberto Ribeiro traduziram o fascínio que a capital da França mantinha entre nós em 1938, novamente pela voz de Carmen Miranda, na marchinha "Paris", mas ao final demonstraram seu ufanismo, que em breve estaria presente em diversos sambas-exaltação – voluntária ou involuntariamente alinhados aos ideais do Estado Novo varguista.

> Paris, Paris,
> Teu rio é o rio Sena
> Paris, Paris

Tens loura, mas não tens morena
Que lindas mulheres de olhos azuis
Tu és a Cidade Luz
Paris, Paris, je t'aime
Mas eu gosto muito mais do Leme!

Outro grande compositor dessa época, Lamartine Babo, promovia trocadilhos de primeira linha com os dois idiomas, gravando ele mesmo, com seu fiapo de voz hilariante, o fox de própria autoria "Canção pra inglês ver" (1931).

No Street-Flesh me estrepei
Elixir de inhame, reclame de andaime
Mon Paris je t'aime, sorvete de creme
My girl good night...

Se os foxes americanos e arranjos jazzísticos, com suas *big bands*, já faziam a cabeça de muitos de nossos músicos desde o início do século, a partir do final dos anos 1940, no pós-Segunda Guerra, a cultura norte-americana se tornou preponderante no mundo inteiro, inclusive no Brasil, desbancando progressivamente o "francesismo". Em 1946, o canto macio de Dick Farney, à moda dos cantores *cool* norte-americanos como Bing Crosby, caiu como luva nos sambas-canção modernos de Braguinha, Alberto Ribeiro, José Maria de Abreu, Klécius Caldas, Luiz Antonio, entre outros. Sua primeira gravação em português, "Copacabana", de autoria dos dois primeiros, com arranjo suntuoso de Radamés Gnattali usando elementos de orquestra sinfônica, também foi vista com desdém como americanizada. "Isto não é samba", diziam. Tal crítica voltou à tona na época da explosão da bossa nova. Muitos cantores, compositores e críticos da "velha guarda" não admitiam samba sem a ênfase nos instrumentos de percussão. Foi famosa a cobertura da imprensa do concerto do Carnegie Hall em Nova York (1962), que apresentou os ícones do movimento para o público americano. Um de nossos maiores críticos daquele tempo, José Ramos Tinhorão, nem se deu ao trabalho de conferi-lo *in loco* e, baseando-se em relatos de amigos, foi

O "nacional popular" e a música brasileira 213

taxativo em sua crônica na revista *O Cruzeiro*: "Bossa nova desafinou nos Estados Unidos"[127].

Nesse meio-tempo, surgiu o rock'n'roll em 1955, difundido inicialmente pelo cinema no filme *Sementes da violência* com o clássico inicial, "Rock Around the Clock", interpretado por Bill Haley & His Comets. Em dez anos, ele acabou por desbancar o fox e o jazz na preferência mundial. No Brasil, já em 1958, se criava o primeiro ídolo do gênero, que era uma jovem adolescente criada em Taubaté. Era Celly Campello, gravando versões de rocks norte-americanos – estourando com "Estúpido cupido (Stupid Cupid)", em 1959, e até simulacros europeus, como "Banho de lua (Tintarella di luna)", em 1960. Era também o início do que foi chamado de "música jovem", do conceito de juventude ligado ao ritmo do rock e, naturalmente, ao *way of life* norte-americano. Seguiu-se, a partir de 1965, o fenômeno da Jovem Guarda, catapultado pelo programa homônimo nas tardes de domingo na TV Record de São Paulo, com Roberto Carlos, Erasmo Carlos, Wanderléa e seus convidados.

O ritmo do rock aliado ao nervosismo da guitarra elétrica e um modo coloquial de falar/cantar os anseios amorosos/sexuais dos jovens criando novas gírias e literalmente modas, com modelos de roupas muitas vezes imitados dos filmes importados e das capas dos discos dos ídolos de lá, quase derrubaram a chamada música "essencialmente brasileira".

Desde o início da década de 1960, os artistas mais politizados à esquerda começaram a fazer críticas contundentes ao consumismo de produtos estrangeiros e à abertura do país às multinacionais, com ênfase na americanização da sociedade brasileira. Billy Blanco, em depoimento ao autor, explicou que quase foi preso quando compôs o samba "João da Silva" (1962), uma ótima mostra do gênero. Gravado por sua colega Nora Ney, ambos ligados ao Partido Comunista do Brasil, que por breve período, no início da década de 1960, saiu da ilegalidade, foi logo a seguir incluído num compacto da UNE, *O povo canta*.

---

127 José Ramos Tinhorão, "Bossa nova desafinou nos Estados Unidos", *O Cruzeiro*, 8 dez. 1962, *apud* Ruy Castro, *Chega de saudade*, São Paulo: Companhia das Letras, 1990.

Movido a Esso vai
Em frente pro batente
De elevador Otis e outros sobe-e-desce
Ele é nacionalista
De um modo diferente
Pois toma rum com Coca-Cola
E tudo esquece...

Como já foi dito, devido ao fato de muitos intelectuais e artistas da MPB saberem que o golpe de 1964 havia sido financiado pelos americanos, houve uma rejeição por parte da população mais esclarecida contra artistas com trabalhos mais focados em ritmos de lá. A questão do nacional popular ficaria ainda mais rançosa quando houve, em 1967, aquela que ficou conhecida como "a passeata contra as guitarras elétricas", liderada por Elis Regina e Geraldo Vandré, bem como as críticas contundentes aos artistas da Jovem Guarda e, já na década de 1970, a roqueiros como Rita Lee – perseguida tanto pela censura da ditadura quanto pelos intelectuais de esquerda que implicavam até com seu sobrenome americano associado ao *jeans* homônimo. Até mesmo o cartunista Henfil, do tabloide *Pasquim*, declarou na ocasião que "o Brasil padecia de dois males: inflação e Rita Lee"[128]. Logo ela, uma das artistas mais censuradas do país, pelo lado da "moral e dos bons costumes da família brasileira".

A disco music, por ter sido um subgênero da soul music, sem compromisso político, com enfoque mais libertário-comportamental através da dança, e extremamente massificada no Brasil, jogando para escanteio a música nacional nas rádios, foi execrada pela crítica, incluindo no bojo todos os artistas que faziam uso dela. Quando Gilberto Gil ousou internacionalizar seu som pelas mãos do produtor Mazzola em 1979 no álbum *Realce*, não sobrou pedra sobre pedra. Alguns especialistas ficaram atônitos com a virada estética do compositor. Pouco antes, quando Caetano se ligou à salada funk-jazzy da Banda Black Rio

---

128 Norma Lima, *Ditadura no Brasil e censura nas canções de Rita Lee*, Curitiba: Appris, 2019, p. 64.

no show *Bicho Baile Show* (1978), época da canção funkeada "Odara", também foi taxado de alienado.

É interessante observar que todos esses artistas patrulhados mantiveram seu nome na história. O que todos têm em comum? Fizeram sucesso com músicas ou versões cantadas em português. Já Leny Eversong, de quem até o nome artístico era estrangeiro como o de Rita Lee, também sentiu na pele esse preconceito e desvalorização; entretanto, foi apagada. Um dos fatores do apagamento sem dúvida é o fato de ter cantado mais em outras línguas, sobretudo o inglês, sem um sucesso marcante na língua pátria.

Não parece ser coincidência que outras cantoras especialistas em vários idiomas nessa época, como Lana Bittencourt, cujo auge foi na mesma época de Leny (entre 1955 e 1968), tenham sido igualmente esquecidas. E que Dolores Duran (1930-1959), em gravações também uma cantora versátil em idiomas, tenha tido seu lado de intérprete apagado em detrimento da compositora. Lembra-se apenas das composições que deixou nos últimos três anos de vida e não de seu belo timbre vocal, com interpretações bem talhadas. Assim como Rosita Gonzales, uma grande especialista em boleros e canções latinas, contratada de emissoras de grande alcance, como a Nacional e a Mayrink Veiga, com carreira longeva, dos anos 1940 aos 1990, foi igualmente eliminada da história – só para ficar em três exemplos femininos.

Se Leny nos anos 1950 e 1960 conseguiu impor um estilo próprio cantando em inglês e nem assim foi valorizada em sua pátria, hoje, ao contrário, um artista que faça uma cópia e não simulacro de outro norte-americano será muito mais valorizado na memória cultural coletiva do país do que um artista com características, digamos, de "originalidade", mais ligadas aos ritmos e padrões vocais característicos de nossa música popular sacralizados como "brasileiros", ou seja: de ritmos como choro, samba, baião, coco, rojão, maracatu, frevo ou de escolas vocais com referências dos seresteiros, das grandes vozes do rádio ou do canto de fraseado mais coloquial bossanovista ou jovem-guardista.

Devido à hegemonia da cultura-norte americana, agora também via internet, e da negligência do Brasil com sua memória cultural, o brasileiro, embora continue sendo, entre todos os povos do globo, conforme reportagem da *Folha de S.Paulo*[129], o maior consumidor de sua própria música, a produz de maneira cada vez mais globalizada, seguindo a estética da cópia da cultura pop musical dominante, ou seja, a difundida via Estados Unidos. Seja no estilo de impostação vocal baseada em "melismas" de cantores soul e gospel dos anos 1980 para cá, no apelo erótico dos videoclipes, nos figurinos e cortes de cabelo que seguem uma tendência da moda mundial, nas coreografias de grandes astros internacionais, no estilo de cenário (telões de LED), luz e som dos palcos dos grandes espetáculos, entre outros aspectos.

Apesar de ainda assistirmos, no final da segunda década do século XXI, a certos discursos de governantes autoritários nacionalistas no Brasil e no mundo, vivemos mesmo a era da globalização, em que as distâncias se encurtaram e as relações de aproximação foram aceleradas. Isso se aplica também ao trânsito das mercadorias culturais na contemporaneidade. Como bem argumentou Andreas Huyssen, "o problema da identidade nacional é cada vez mais discutido em termos de memória cultural ou coletiva, e não em termos da identidade assumida de nação e Estado"[130]. Sendo assim, na contramão dos historiadores, da crítica e de grande parte da *intelligentsia* do século XX, o que mais importa hoje não é o Estado brasileiro, a memória cultural nacionalista, mas a memória cultural como um todo, incluindo aí toda a música popular criada em solo brasileiro, executada por brasileiros ou por estrangeiros que fixaram ou não residência no país.

É menos uma identidade assumida de nação, como o governo de Getúlio Vargas pretendia com o samba, e muito mais a ideia da "memória cultural coletiva". Da mesma maneira, interessa menos hoje que Leny não tenha produzido um repertório relevante de música nacional como cantora nascida no Brasil e mais que ela tenha conseguido impor um estilo único, sem imitar ninguém, cantando peças interessantes do cancioneiro estrangeiro de seu tempo – ainda que hoje o conceito de simulacro seja menos relevante para a maioria da população, que consome cópias sem o menor constrangimento em gravações e programas de calouros. Enfim,

---

129 Lucas Brêda, "Brasileiros são os que mais ouvem a própria música entre todos os países", *Folha de S.Paulo*, 14 out. 2019.

130 Andreas Huyssen, *Twilight Memories, op. cit.*, p. 5.

essa memória hoje é muito mais potente e não serve apenas ao Brasil, mas ao planeta inteiro.

Numa entrevista, a própria cantora explicou o que sentia ao cantar músicas norte-americanas e como ficou impactada ao chegar nos Estados Unidos e ser reconhecida como grande intérprete do jazz pelos próprios americanos.

> Eu fui comparada com a maior cantora rítmica dos Estados Unidos. Disseram apenas isso, que a Leny Eversong tinha tomado o lugar da Billie Holiday, a mais respeitada deles até hoje. Ela tinha um estilo fantástico. E eles me atribuíram isso, esse ritmo. Eu aqui no Brasil cantava música americana e sentia um negócio tão esquisito. (Quando o maestro fazia um arranjo, às vezes não me caía bem, eu dizia:) "Eu não sinto assim. Maestro, por favor, tem que ser mais..." [intenso]. Eu cheguei nos Estados Unidos... Puxa vida, parece que eu havia cantado a vida inteira com aquela gente. Me senti livre. Então eu dei aquele recado com vontade e eles ficaram de boca aberta: "Não é possível, essa mulher com esse ritmo, igual à nossa maior, que não existe mais"[131]. Me compararam também com a potência de voz de um homem, porque a mulher nos Estados Unidos canta com uma voz diferente, quem tem a minha voz parte para outra coisa.[132]

Leny diante do mapa-múndi: versatilidade para cantar em várias línguas, mesmo falando apenas o português. Aclamada no exterior, recebia críticas no Brasil por não privilegiar canções em sua língua pátria.

131 Billie Holiday morreu em 1959.

132 Entrevista de Leny a Pinky Wainer, *Série Documento, op. cit.*

Um corpo feminino fora dos padrões

Botaram o apelido na Leny Eversong de "Coca-Cola Família" e o gozado é que Leny quando soube gostou e pede onde vai: "Me dá uma Coca-Cola Leny Eversong". **"Mexericos da Candinha"**[133]

Além de ter sido vítima da corrente "nacional popular", Leny Eversong era também um fenômeno explosivo e diferente, um corpo atípico, incômodo. Foi uma figura que enfrentou algumas "ditaduras": a estética (o padrão de beleza, incluindo o fato de ser obesa, e de sensualidade/sexualidade feminina – algo que até hoje acomete várias artistas que a sucederam, como veremos) e a vocal (o fato de ter uma voz muito potente, a serviço de um repertório notadamente internacional, o que causou no Brasil outro tipo de relação de afeto com o público). Em resumo, um corpo (incluindo nele

---

133 "Mexericos da Candinha", *Revista do Rádio e TV*, n. 846, 4 dez. 1965, p. 18.

a voz) fora dos padrões normativos. Uma crítica de uma participação sua num programa de televisão, assinada por um colunista do *Correio da Manhã* em 1963, dá a exata medida da diferença entre ela e suas demais colegas de ofício. Era muito mais para ser ouvida como fenômeno do que para fazer as pessoas se identificarem com letras românticas, como que se sentindo acariciadas por essas "porta-vozes", como acontecia com as demais artistas – até porque, em seu caso, eram as canções explosivas que funcionavam, mostrando todo seu material vocal, principalmente as interpretadas em outros idiomas.

> Desta vez, Leny Eversong, que ajudou a tirar telespectadores do [programa] *Noite de Gala*, não deu a sensação de avalancha, de que se deseja por cima do público. Cantou comedida e com medida. Mas continua a ter o mesmo domínio sobre os ouvintes, pois sua personalidade é tão poderosa quanto a sua voz. Individualidade que se impõe como uma força da natureza, Leny é uma cantora que a gente não deve ouvir quando se está só. Há necessidade de as pessoas se juntarem, se unirem para ouvi-la, porque assim se tornam mais fortes e podem resistir melhor ao impacto emocional do seu canto e da sua presença.[134]

Numa entrevista dos anos 1970, Leny contou como foi a construção dessa voz.

> Eu estudei canto cinco anos, não sei se você sabe. Estudei com Miguel Arqueróns, que foi responsável durante muitos anos pelo Coral Paulistano [criado por Mário de Andrade em 1936], uma pessoa competentíssima. Não me deixou vícios. No sentido dessa voz, por exemplo, muito empostada. Me ensinou como cantar música popular e música séria, de câmara, ópera, o que eu quisesse cantar. Eu optei pela música popular porque eu precisava ganhar a vida. Cantar ópera você sabe que a pessoa morre de fome. Ou pertence a uma certa panelinha tão fechadinha que ninguém entra ali. É panela de pressão! Então optei pela música popular.[135]

134 Lasinha Luís Carlos, *Correio da Manhã*, coluna Televisão, 12 jun. 1963, 2º Caderno, p. 3.
135 Entrevista de Leny a Pinky Wainer, *Série Documento, op. cit.*

Leny, em seus últimos momentos de plena alegria, antes da vida rebelar-se contra ela como um tsunâmi.

A cantora também tinha plena consciência de sua portentosa potência vocal e, numa época em que já estava ficando bastante esquecida, afirmava sem nenhuma falsa modéstia que sua voz não tinha termos de comparação com a de nenhum outro artista nacional.

> Vou dizer aqui também... Há muito tempo ninguém diz nada, ninguém fala da Leny Eversong. Tenho que lembrar pra vocês. A Leny Eversong está cantando no microfone assim [distante]. Mas eu digo e desafio a qualquer cantor... [...] Eu tenho uma potência de voz maior que a de qualquer um. Agora o microfone engana e o público não sabe. O microfone "aqui" [coloca perto da boca] tem um som espetacular e "aqui" é outro [diz, afastando-o]. Eu, com qualquer cantor que canta aqui [perto do microfone], tenho que cantar aqui, bem longe do microfone, senão ninguém ouve a voz do companheiro.[136]

Porém, tão notada quanto seu impressionante alcance vocal era sua forma física. Foi nossa primeira cantora obesa a aparecer na mídia da época – e já na transição para a era da televisão. Curiosamente, muitas cantoras do rádio quando engordaram foram tendo seu espaço diminuído na telinha. Não foi o caso de Leny, que até o fim dos anos 1960 apareceu muito no veículo, chegando a ter programas próprios. É bem verdade que, em 1968, a cantora fez um regime e uma plástica, emagrecendo bastante por um breve período em relação à sua fase áurea. Sua figura como um todo era imponente e, vaidosa, se fazia vistosa, nunca repetindo roupas e, a partir da década mencionada, também com uma coleção de perucas.

Leny era uma voz, digamos, "expressionista", potente, num corpo gordo. Era um rosto de olhos vivos, com algo de loucura, gestos teatrais, por vezes à beira do histriônico, quando alongava as notas sem respirar por muito tempo, como em "Malagueña" ou "Granada"; quando dava uma gargalhada digna de uma entidade de culto afrorreligioso em "Tierra va tembla"; quando gritava – literalmente – "Stop the Clock" ao

---

136 *Ibidem.*

ouvir os tique-taques impertinentes de um relógio no início do fox homônimo; ou quando ameaçava um choro no final de "Mãe do Ouro", rogando aos santos para livrar um povoado de uma maldição. Esse era então, mais do que nunca, o retrato da "performance" de Leny, aquela que, junto com seu corpo como lugar de potência e lugar de significação, transcendia e assinava as suas canções. Nas palavras do professor e ensaísta Júlio Diniz, "uma voz como uma assinatura rasurante"[137], única, só dela e por isso impactante, por vezes também incômoda a alguns ouvidos, por ser impossível ficar indiferente devido à força desse corpo (inclusa nele a voz).

Segundo o estudioso da poética da voz, o suíço Paul Zumthor, a voz vem sofrendo uma opressão desde o final da Idade Média em função da hegemonia da escrita e do pensamento fixo e abstrato. Ele defende que, ao contrário, o corpo, inutilizado pela escrita, é aquele que reage, com seu peso, volume e densidade, quando a palavra provoca prazer, lembranças, ideias. Sua definição do impacto causado pela performance do corpo parece ser a descrição de um espectador ao se deparar pela primeira vez com a figura de Leny Eversong, ainda mais considerando que se trata de uma cantora diferente de tudo que vimos no país em termos de potência de voz, interpretação e forma física em todos os tempos. Acontece que essa diferença também trouxe à época seus reveses, num misto de excitação e estranheza.

Impactada com sua figura e valendo-se da desculpa de que a própria cantora declarara não ter "complexos por ser gorda", a imprensa da época criou uma verdadeira obsessão por sublinhar sempre em suas reportagens e fotos a sua gordura, o que, aos olhos de hoje, teria outro nome: *bullying*. Desde suas primeiras aparições na imprensa, o tema já era recorrente. Em 1937, aos 17 anos, em sua tentativa inicial de se estabelecer na então capital federal, participava de um concurso entre as cantoras da Rádio Tupi para atuar num filme alemão do cineasta Will Foster, em plena era do nazismo, em que a vencedora iria até Berlim. O tema da forma física, claro, não podia ficar de fora.

---

137 Júlio Diniz, "Sentimental demais: a voz como rasura", em: Paulo Sergio Duarte e Santuza Cambraia Naves (org.), *Do samba-canção à Tropicália*, Rio de Janeiro: Relume Dumará, 2003, p. 100.

Quanto ao seu peso, achamos que Leny agrada hoje muito mais a Mussolini do que a Will Foster. Ela mesma falou no caso: "Vou fazer desde já *gymnástica* todas as manhãs até cair de cansada. Preciso dum pouquinho mais de *souplesse*. Um regimezinho e fico em forma". – ***Diário da Noite*, 10 abr. 1937**

Só de março de 1955, quando enfim despontou ao sucesso na Rádio Mundial carioca, ao fim de 1956, próximo ao embarque de sua primeira viagem rumo ao triunfo na "América", eis algumas das menções a ela feitas pelos jornalistas:

Grande cantora – Numa pequena nota, declaramos que estávamos à etérea caça da corpulenta cantora paulista Leny Eversong. – ***O Globo*, Nós, os Ouvintes, 19 mar. 1955.**

No primeiro dia da programação festiva, com a presença de astros no palco auditório da A-3, quando aquela senhora de formas avantajadíssimas começou a cantar, dominou. – ***Diário da Noite*, 21 mar. 1955.**

Grande garganta – Leny, a fabulosa cantora paulista [...] certo dia afirmou: "O segredo da intensidade e volume de minha voz resume-se apenas nisto: cantar em todos os cantos, mesmo no banheiro; alimentação sadia para sustentar meu corpinho. Esquecer que sou gordinha e jamais fazer regime". – ***Diário da Noite*, 16 abr. 1955.**

Leny Eversong: voz gorda, simpatia gorda, presença gorda, repertório gordo, olhos gordos, marido alerta. – **Ricardo Galeno, *Diário Carioca*, Rádio & TV, 15 maio 1955.**

Corpo e personalidade – A gordura de Leny já lhe faz parte da personalidade. Não a compreenderíamos mais magra porque ela é ela só. Todo mundo gosta que Leny seja assim. Se emagrecesse, até ficaríamos tristes. Possui um dos mais lindos sorrisos do mundo. E a voz ao passar por seus lábios encontra maravilhosos dentes pelo caminho. Leny Eversong não só pertence às Associadas. Já é patrimônio nacional. – ***Diário da Noite*, 2 ago. 1955.**

A estreia era da dona Leny Eversong na Tupi. Por isso, compareceram à estreia de dona Leny (120 quilos) Eversong as seguintes pessoas: Antonio (145 quilos) Maria, César (120 quilos) Ladeira, Edmundo (só a barriga, 114 quilos) de Souza, o poeta Augusto (115 quilos de poesia e tudo) Frederico Schmidt, o tenor Giacomo Glechi, o sr. Joaquim Menezes, o sr. Pompeu (190 quilos, fora a barriga) de Souza, o sr. Manezinho (118 quilos) Araújo, o sr. Manuel (Pancinha, no duro) Barcelos e o sr. Heron (de piteira, 145 quilos, sem ela, 140) Domingues. Por isso eu não fui. Me sentiria humilhado com os meus 54 quilos de besteira! – **Janjão Cisplandim**, *Diário Carioca*, **As Estrelas Correm, 7 ago. 1955.**

Leny canta qualquer gênero de música, e ao fazê-lo dá tanto de si na interpretação que os ouvintes não podem deixar de admirar, na sua bela figura gorda (sem complexos), a centelha do talento. – *O Cruzeiro*, **20 ago. 1955.** [A matéria é acompanhada por fotos da cantora tomando um imenso canecão de chope.]

Quase todos os domingos o Country Clube apresenta durante o seu jantar dançante um pequeno show ou uma atração de primeira categoria. Da última vez foi Leny Eversong que gorda, simpática e com uma voz do diabo impressionou a todo mundo. – **Jacinto de Thormes**, *Diário Carioca*, **Sociedade, 23 ago. 1955.**

Leny Eversong e [o cantor de ópera] Giacomo Glechi não são apenas a dupla mais peso-pesado da TV, como figuras de sensação. – *O Cruzeiro*, **19 nov. 1955.** [Uma foto do "casal" gordo acompanha o texto.]

Uma beleza de festa. Mas lá para as tantas, surge no palco uma volumosa senhora. Gorda que não acaba mais. Foi recebida com as palmas de gentileza do seleto auditório. – *Radiolândia*, **17 dez. 1955.** [Acompanha a matéria foto de Leny segurando uma "cervejinha gelada".]

Será que Leny Eversong cabe na televisão do meu amigo Heber de Bôscoli? Só vendo pra crer! – **Ricardo Galeno**, *Diário Carioca*, **Rádio & TV, 28 dez. 1955.** [A nota faz contraste à magreza do segundo, integrante do Trio de Osso, com sua mulher, a atriz Yara Salles, e Lamartine Babo, todos magros, apresentadores do famoso programa radiofônico *A Felicidade Bate à sua Porta*.]

Leny Eversong perderá quarenta quilos – Como você prefere a fabulosa cantora: gorda ou magra? Estamos esperando a sua opinião. Sua voz mudará? O médico está em dúvida. – *Diário da Noite*, 27 jan. 1956.

Com um prato de sopa à frente (e sopa de camarão) deixando Barnabé com água na boca, Leny Eversong bateu um papo com Flávio Cavalcanti. Flávio, o dos "discos impossíveis", arrancou de Leny confissões variadas. – *Correio da Manhã*, Rádio e TV, 25 maio 1956.

Leny: cem quilos de voz. – **Chamada da matéria na *Revista da Semana*, 16 jun. 1956.**

Leny Eversong vai cantar nos Estados Unidos – Legenda: o regime alimentar estava prejudicando Leny. Resultado: para não perder a voz, ela desistiu logo de emagrecer. – *Revista do Rádio*, 29 jun. 1956.

O Copacabana Palace apresenta a figura panorâmica de Leny Eversong. – **Stanislaw Ponte Preta, *Manchete*, 30 jun. 1956.**

E não foi só. Como já vimos, a imprensa chegou ao cúmulo de fazê-la posar sobre balanças de farmácia. Na primeira vez, em junho de 1955, a reportagem da *Radiolândia* dizia com todas as letras que, ao levarem a cantora para um *footing* por Copacabana tinham esse como objetivo maior da matéria, mas estavam melindrados em propor tal ideia. Leny, sempre muito espontânea, entrou na dança...

Leny ouviu e logo deixando-nos à vontade foi dizendo que "não dá bola à gordura, que é gorda mesmo, que tem muito apetite e que está muito bem assim". E sorriu um daqueles sorrisos fascinantes. Fomos então para uma balança. Leny pisou e vimos o ponteiro sumir do outro lado. Não tivemos um meio disfarçado para ver "quantos quilos". Mas ela própria nos informou, em tom de blague: – Pouco mais de cento e vinte... E não quebrei a balança... – *Radiolândia*, 25 jun. 1955.

Não bastasse isso, levaram-na à cozinha da boate Vogue e fizeram-na posar ao lado do *chef* Grégoire, muito famoso à época. A legenda era um primor de mau gosto: "Com o chefe dos cozinheiros do Vogue, Grégoire. Diante de uma panela, Leny diz para o mestre-cuca que é um 'bom garfo'. E Mr. Grégoire só fez dizer: – Ô, non é preciso dizerrr. Está no carra...".

Em 1956, a mesma revista ostentava a manchete "250.000 dólares para atuar nos Estados Unidos – A maior proposta a um artista brasilei-ro!". Para dar "peso" à notícia tão alvissareira, não hesitou em repetir a foto sobre a balança da farmácia, porém com legenda mais agressiva que da primeira vez: "A balança tremeu quando Leny se aproximou... Se tivesse pernas ou rodas, teria corrido!". Não foi só. Por incrível que possa parecer, o fato se repetiu na *Revista do Globo* (de Porto Alegre) em 1958 na matéria cujo título era "A amiga da balança – Para manter uma grande voz é pre-ciso vitamina", incluindo fotos da cantora não apenas numa balança de farmácia, mas também num armazém de secos e molhados em frente a um mostruário de carnes e linguiças e ainda bebendo de um tonel de vi-nho de Bento Gonçalves. A reportagem creditava que "uma grande porção de responsabilidade pelo seu imenso sucesso nas três Américas" devia-se a "alguns quilos excessivos que enfeitam sua figura redonda e simpática".

Pouco antes disso, em setembro de 1957, posou para a revista *Man-chete*, ora levando um garfo à boca, ora jogando pingue-pongue com... uma bola de basquete. Sim, tudo em Leny tinha que ser *king size*.

Quando foi para os Estados Unidos, após cantar na boate Mocambo, a imprensa reforçava que "os americanos chocaram-se com a sua gordu-ra", mas depois, "como bem disse a conhecida jornalista Louella Parsons, o público havia esquecido a exuberância física de Leny e subjugava-se à sua voz e à simpatia do seu rosto de boneca" e que outro jornalista do *Hollywood Reporter* a comparou com a veterana Kate Smith "apenas no peso, pois em qualidade, a artista brasileira supera[va] a nova-iorquina". O *Diário Carioca* exaltava seu êxito inicial no estrangeiro assim: "Aplausos e dólares – a cantora brasileira *exuberante, em mais de um sen-tido* [grifo meu], havia conseguido nas mais luxuosas *boites* dos Estados Unidos e da América Central em igual profusão aplausos e dólares".

Na primeira volta ao Brasil, o *Correio da Manhã* publicava a cantora em suas páginas com a legenda "Leny Eversong, esta figura gorda da

Bullying incansável da imprensa: Leny é mostrada jogando pingue-pongue com uma bola proporcional a seu tamanho, de basquete; e as fotos recorrentes com ela comendo e bebendo.

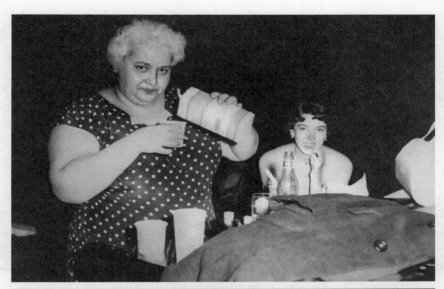

O PÊSO EXCESSIVO NÃO ATRAPALHOU O SUCESSO DE LENY NA AMÉRICA DO NORTE. PELO CONTRÁRIO, AJUDOU MUITO.

Um corpo feminino fora dos padrões

foto [...]" e, num coquetel dado logo a seguir, um colunista da *Revista do Rádio* afirmava que seu valor artístico estava "na razão direta do seu peso". Mister Eco, na sequência, divulgava que a boate Au Bon Gourmet havia contratado "a volumosa (em tudo) cantora Leny Eversong" e novamente o *Correio da Manhã* que "esta figura gorda e de voz encantadora" fora destacada para gravar no Teatro Municipal o Hino Nacional Brasileiro. Numa matéria sobre o mesmo assunto na *Revista do Rádio*, em vez de mostrarem-na compenetrada em tal interpretação acompanhada de grande coro e orquestra, preferiram clicá-la espetando um frango, com a seguinte legenda: "Leny continua firme no seu propósito de jamais fazer regime para emagrecer. Dona de um respeitável apetite, a cantora devora um frango com a mesma facilidade com que alcança as notas musicais mais difíceis. Bom proveito, Leny Eversong!".

Maldosamente, a mesma *Revista do Rádio* comentava que um dos apelidos mais famosos que a cantora recebera nos Estados Unidos era "o *tank* que canta", ilustrando a matéria com a cantora traçando um pedaço de bolo. Aliás, isso era recorrente. Sempre que possível, era enfocada comendo ou bebendo algo, abrindo panelas ou com alguma ilustração que remetesse à sua forma física. Nessa época, ainda na mesma publicação, a fofoqueira "Candinha" (que na verdade não existia, eram todos que levavam fofocas à publicação) espantou-se: "Falando de viagens, como voltou ainda mais gorda a Leny Eversong!! Sem cerimônia, ela me disse que aumentou quatro quilos! Imaginem tudo isso dentro da 'linha saco'... Sim, porque a Leny agora só usa 'saco'". A propósito, o *Jornal do Brasil*, ao vê-la regressar da Europa em 1958 vestindo o tal modelo de vestido, pegando carona na piada que a própria cantora havia feito (seguramente antes que outros o fizessem), ponderava que ela ficava muito bem assim, "pois se considera[va] um verdadeiro saco".

No ano seguinte, a "Candinha" destilava mais veneno, comparando-a com um cantor magro da época: "A Marlene me disse que o bambolê do Gilberto Milfont é a pulseira da Leny Eversong. Essa gente...". E, já nos anos 1960, a mesma coluna reforçava em tom de deboche a pecha calorenta dos gordos: "Leny Eversong tem horror ao calor e por isto sempre que viaja e é informada de que o hotel não tem boa ventilação, carrega consigo um enorme circulador de ar!". Segundo o caderno

A cantora lidava como podia com a gordofobia da imprensa, por vezes aceitando seu jogo, como uma espécie de *marketing* perverso.

Um corpo feminino fora dos padrões 233

de anotações da cantora doado pelo filho ao autor deste livro, havia de fato menção a um ventilador em viagens.

O colunista social Jacinto de Thormes, já acostumado à forma física da cantora, como já foi dito, achava que as demais cantoras de rádio precisavam emagrecer, menos ela: "Se as cantoras soubessem, principalmente as bonitas, como a gordura atrapalha a voz, fariam seguidos regimes. Ou então seriam como Leny Eversong, *que não tem pretensões de ser bonita* [grifo meu]", enquanto o redator de humor Max Nunes, no *Diário da Noite*, fazendo chiste do reino animal, brincou: "A lagosta é a Leny Eversong dos camarões".

Fazendo humor de gosto duvidoso, o articulista Carlos L. Campanela no *Jornal das Moças* disparou: "A cantora Leny Eversong está fazendo regime para emagrecer em virtude de ter que trabalhar num filme a ser rodado na Bahia. O nome do filme é *O que é que a baleia tem?*". E, no afã de elogiá-la, a revista *Intervalo* apressava-se a dizer que "*a talentosa gorda* [grifo meu] ausentou-se por longo tempo de nossa TV por força do importante contrato que firmou como estrela da película *Santo módico*". Por outro lado, anos depois, em 1965, ao compará-la com a cantora Marisa Gata Mansa, a mesma publicação foi mais cruel: "A cantora Marisa, conhecida por 'A gata mansa', ganhou novo (e maldoso) apelido: 'A gata gorda'. É que ela, a despeito dos esforços, não consegue manter o peso normal. Do jeito que vai, Marisa deixará Leny Eversong para trás, logo, logo".

Os exemplos são inúmeros, mas também é preciso analisar o outro lado. Desde que estourou no Rio de Janeiro em 1955, ela observou que sua obesidade acabava sendo uma característica marcante de sua figura, diferenciando-a de todas as outras grandes cantoras de seu tempo, e antes mesmo que pudesse sofrer com piadas ou comentários pejorativos ou se fazer de vítima pela mesma razão, acabou ela mesma usando isso de certa maneira como *marketing* de si mesma. Não fosse por essa razão, seria muita ingenuidade acreditar que Leny posaria para todas essas fotos e responderia sempre com tanto humor às provocações do gênero se no fundo não soubesse que isso também traria algum tipo de simpatia, curiosidade ou mesmo espanto do público para sua imagem e, por conseguinte, para seu próprio trabalho.

Assumindo a forma física em dois momentos, na *Revista do Rádio e TV*, em 1961.

Um bom exemplo disso é a matéria da *Revista do Rádio e TV* publicada em 1961 intitulada "Leny Eversong não se importa de ser gorda – a estrela fez e desistiu de todos os regimes", na qual os repórteres queriam saber sobre como ela lidava com sua forma física. "Não tenho qualquer complexo por ser gorda, pois adoro ser assim. Gosto mesmo de ser gorda! Gordura para mim não é problema, não me preocupo com regimes, sofrimentos que não tenho". Revelou que fez regime apenas uma vez: "Foi a época em que fui mais infeliz. Sofria tudo: fome, facilidade de me resfriar, rouquidão e minha voz ficou ruim. Assim, parei com o regime, passei a comer de tudo e fiquei curada de vez. Para que me preocupar com a linha, se a minha é a 'O'?".

Nesse momento, seu marido Ney a interrompia, dizendo: "Eu já conheci Leny assim gordinha e me apaixonei logo. Não vejo por que ela

Um corpo feminino fora dos padrões 235

deva mudar se somos felizes assim". Leny sorria, deliciada com a declaração do marido, sentenciando: "Como vê, vivemos numa eterna lua-de--mel e até o Ney (que era mais magro) está engordando um pouquinho".

"Ser gorda não me traz problema algum, nem mesmo de roupa", continuava, explicando que comprava (em quantidade, para fazer estoque) todo o seu guarda-roupa na Casa dos Gordos, uma loja com filiais em Nova York e Los Angeles, e que seus vestidos de *soirée* eram adquiridos na "Casa de Mme. Voneta, em Las Vegas". "Sou lépida, graças a Deus, e sei que muita gente magra não me acompanha em minha ligeireza". Contudo, a afirmativa da cantora de que quando tentou fazer regime a sua voz ficou ruim é no mínimo fantasiosa. É mais fácil tentar entendê-la pelo viés da autopromoção, por ser, nesse caso, a única maneira que ela tinha de se impor com as suas características corporais naquela sociedade.

A prova de que, apesar dos pesares, tais declarações lhe rendiam algo positivo é que alguns meses depois a mesma revista resolveu fazer um pequeno editorial de moda com a cantora posando com vários vestidos "de soarê" e toda sorte de "joias delicadas – tiaras, diademas, brincos e broches de extrema leveza", cujo título era "Leny Eversong afirma e prova: – Mulher gorda pode (e deve) ser elegante". O texto frisava que ela "sabe vestir-se e tem classe": "Valem as fotos como estímulo às senhoras que, mesmo perdendo a cintura-de-pilão, nem por isso deixam de poder ser elegantes. Basta que façam como Leny, que não liga para a balança, não faz regimes dietéticos, mas cuida bem do seu vestuário".

Logicamente, enfoques mais benevolentes como esses eram mais raros. No geral, o tom beirava a chacota. Ainda mais quando se tratava da referida coluna de fofocas da "Candinha": "Leny Eversong deu uma bronca danada na Varig, porque no avião em que vinha de Fortaleza, serviram o almoço tarde e lhe deram ainda por cima pouca comida. 'Vocês querem me matar de fome? Não estou fazendo regime, não!' Foi o que ela reclamou". Esse exemplo é mais uma prova de que, se não assumisse sua forma física e fizesse o jogo da imprensa, as galhofas dos jornalistas certamente seriam dobradas. Estaria na berlinda por ser gorda e por tentar emagrecer, sem conseguir.

Leny em ensaio de moda da *Revista do Rádio e TV*, em abril de 1962.

Mas, afinal, por que o padrão de beleza aliado à magreza, sobretudo nas mulheres, foi tão sacralizado? Quais seriam as raízes dessa convenção cultural? Como toda tradição é inventada, podemos partir do princípio de que, desde os primórdios da civilização, a gordura pertence a um regime de verdade que o tempo inteiro esteve em revisão. E quando, num dado momento, há a consagração de algumas figuras populares, subliminarmente elas filtram e submetem a presença dos demais corpos a tais padrões de beleza desejados – que vão se transmutando de acordo com as mudanças comportamentais de cada época e cultura.

Desde a Antiguidade, a beleza se identificou com proporção. Na Grécia e na Roma antiga, a escultura em pedra despontou como uma das primeiras manifestações estéticas a retratar a mulher. Eram, geralmente, de grandes seios e ancas generosas de modo a representar seu papel social de mãe. Nesse momento, a gordura era vista como virtude e beleza, um símbolo de saúde e fertilidade. A seguir foram retratadas como deusas, também de formas adiposas generosas, ainda na forma de escultura. Finalmente, a pintura assumiu o papel de propagadora da figura ideal do corpo feminino.

Após a Idade Média, vários pintores como Leonardo Da Vinci fixaram as Madonas como modelo, com o frescor da figura feminina e sua prole, remetendo à marca padronizada da mãe de Deus como modelo. Havia um vínculo com a imagem de saúde e beleza. Entre os séculos XVI e XVII houve uma mudança de costumes, incluindo uma transformação expressiva na imagem feminina. A mulher volta a se vestir e tornava-se aquela que cuidava da casa, educava os filhos e administrava o lar. Em vez da beleza inanimada, imóvel, ganhava espaço uma outra, mais tensa, dramática. É quando surgiu uma visão crítica da arte, influindo diretamente no conceito de beleza. Pela primeira vez, ela variava de acordo com o referencial, da ótica de quem a apreciava. Ou seja, uma mesma mulher – ou mesmo um mesmo objeto – poderia ser belo ou feio de acordo com os critérios de cada apreciador.

No barroco, apareceram cenas mitológicas recheadas de mulheres corpulentas, voluptuosas, com a obesidade novamente como sinônimo de saúde e beleza. No século XVIII, com o iluminismo, surgiram silhuetas femininas mais delgadas, afastando também a preponderância do tema da maternidade, fosse pelo viés do sagrado ou do profano. Em lugar da gravidez, a mulher foi retratada nas artes com outros papéis sociais. Na França, desde o século anterior, a moda de se usar espartilhos marcando as cinturas finas já prenunciava a era em que o modelo feminino entrelaçaria gestos elegantes com adornos pessoais, perucas e indumentária luxuosa, trocando o semblante santificado ou voluptuoso pelo saber e elegância. A obesidade feminina quase desapareceu.

No período que se sucedeu, do final do século XVIII e durante o XIX, mais uma novidade. Diante da opressão do mundo industrial, do crescimento das metrópoles, das multidões anônimas, com o surgimento de novas classes, o temor causado pela produção em série das máquinas fez com que os românticos passassem a buscar uma beleza cada vez mais dinâmica, que podia até mesmo beirar a desarmonia, no sentido de que o belo também poderia nascer do feio, que não seria a negação, mas a outra face do belo. Como parte essencial da postura do romantismo e do impressionismo, a beleza fez contraste com a feiura. Nesse contexto, as gordas consideradas feias foram também afetadas. As consideradas bonitas, porém, ocuparam espaços naturais – banhos, piqueniques nas relvas ou cuidando da própria aparência. Em paralelo, Amedeo Modigliani, ao retratar as mulheres, pintou as magras de forma alongada, conferindo-lhes um aspecto refinado, sinônimo de bom gosto, dando o passo decisivo na qualificação estética da feiura. Com isso, ele dispensava a referência à obesidade.

Nas palavras de Umberto Eco, o século XX, até os anos 1960, foi "palco de uma luta dramática entre a beleza da provocação e a beleza do consumo"[138]. E apesar de grande parte dos pintores desse tempo, como Salvador Dalí, Pablo Picasso, Gustav Klimt, Renoir ou Claude Monet, não conferirem à obesidade um valor de feiura, isso não eximiu que a figura da mulher gorda chegasse aos dias de hoje ainda de certa forma aliada ao grotesco, ao jocoso e ao exótico, até porque toda a invasão de imagens da cultura midiática, a começar pelo cinema, pelas revistas e depois pela televisão e a estética do videoclipe acabaram por forjar quase sempre a beleza associada à imagem da mulher magra. A exceção mais expressiva desse tempo foi a obra do pintor e escultor colombiano Fernando Botero, que ressignificou a imagem dos gordos, incluindo as mulheres.

Visto que o ideal de beleza é um produto de construções culturais que varia de acordo com o momento, torna-se bem mais claro entender por que Leny Eversong sofreu tanto *bullying* à sua época e que o fato de ter estado na contramão do padrão de beleza normativo de seu tempo (e também da atualidade) foi mais um motivo a facilitar o apagamento de sua memória. Além dela, outras cantoras que a sucederam sofreram muito para se impor no mercado em função de seus corpos igualmente fora dos padrões. A sociedade só aceitou nesse período,

---

138 Umberto Eco, *História da beleza*, Rio de Janeiro: Record, 2004, p. 414.

sem tanto patrulhamento e ojeriza, as cantoras gordas mais idosas, e mesmo assim se na juventude não foram muito cultuadas pela beleza. E sobretudo no mundo do samba, onde as mulheres corpulentas mais velhas desde os primórdios das escolas de samba já integravam as alas das baianas e onde muitas figuras das religiões de matriz africana eram matriarcas, não raro gordas. Isso explica o sucesso de algumas que ingressaram no meio artístico-musical já mais velhas e acima do peso, como Clementina de Jesus, Dona Ivone Lara ou Jovelina Pérola Negra, respectivamente aos 62, 56 e 41 anos.

Ao contrário, nos demais nichos musicais, há diversos exemplos que podem confirmar o calvário das intérpretes que insistiram na profissão, apesar de viverem à margem dos padrões corporais de beleza. Os exemplos são numerosos e expressivos. Nos anos 1960, na Era dos Festivais, surgiu a cantora e compositora Tuca (1944-1978). De carreira promissora, ao lado de Airto Moreira, venceu, em junho de 1966, o II Festival da Excelsior com o samba "Porta-estandarte" (Geraldo Vandré, Fernando Lona) e, logo a seguir, em outubro, obteve o segundo lugar no I Festival Internacional da Canção, com "O cavaleiro" (dela com Vandré), gravando a seguir dois LPs. Na década seguinte, com apresentações performáticas um tanto ousadas no palco, obteve êxito no circuito experimental francês, tendo canções lançadas em disco por Françoise Hardy ou gravando o álbum cult *Drácula, I Love You* (1974), lançado também no Brasil, onde havia pistas claras de sua homossexualidade em faixas como "Girl", de sua autoria com Prioli. Sua forma física, entretanto, acabou por abreviar sua trajetória, morrendo justamente após um malsucedido regime para emagrecer, em 1978. Pouco antes, dirigiu um especial na TV Bandeirantes de outra cantora, esta recém-surgida no cenário da MPB, em 1975.

Era Fafá de Belém, que, de 18 para 19 anos, estourou com o afoxé "Filho da Bahia" (Walter Queiroz) na trilha da novela *Gabriela*, da TV Globo, ostentando um padrão diferente de beleza, o da mulher nortista – corpulenta e, em seu caso, com seios muito fartos. A cantora explicou em entrevista ao autor que descobriu que seu tipo físico era viável e sensual pelas telas do cinema italiano:

Foi quando assisti a um filme com a Sophia Loren. Vi que ela usava um espartilho, um saião e um decote. Pensei: "Cara, eu posso". Quando cheguei [no meio artístico], eu era uma bofetada na cara dos caretas e não estava nem um pouco programada, era muito nova... Tinha 18 anos quando gravei "Filho da Bahia", explodi com 19 anos... Era uma moleca, uma moleca cheirosa, cantando. Lembro que dei uma entrevista para a [revista] *Veja* e o título era "A gordinha *sexy*". Gordinha é o cacete! Eu sou *sexy*! [gargalhadas]. Acho que contribuí para as mulheres que não tinham o peso ideal, que tinham o seio farto, que não era moda... [O repórter complementa falando sobre sua gargalhada generosa, peculiar.] Sim, a gargalhada, que minha mãe dizia "uma menina não ri assim". A vida não existe sem a liberdade.[139]

Ainda que não fosse obesa como Leny e outras que a antecederam ou a sucederam, Fafá foi das poucas cantoras da MPB fora dos padrões estéticos a dar a volta por cima, tornando-se um símbolo sexual na segunda metade dos anos 1970, graças ao seu carisma fora do comum e sua inteligência capazes de potencializar sua sensualidade diferente a serviço de sua arte, incluindo um repertório apropriado para isso, como "Sedução" (Milton Nascimento, Fernando Brant, 1977) ("Mulher bonita, gostosa, matreira vai/ Zombando do amor dos homens/ Que cercam farejam, devoram/ Com olhos e boca de lobo mau"), "Que me venha esse homem (e me machuque um pouco)" (David Tygel, Bruna Lombardi, 1979) e "Sob medida" (Chico Buarque, 1979) ("Sou bandida/ Sou solta na vida/ E sob medida pros carinhos seus/ Meu amigo, se ajeite comigo/ E dê graças a Deus"). "Tinha mulheres que me diziam: 'Olha, meu marido é louco por você, eu morro de ciúmes'. E eu pensava: 'Ciúmes? Pela televisão?'. É muito louco, mas as fantasias estavam todas ali, porque eu trazia essas fantasias à baila."[140]

É curioso perceber que, cerca de 35 anos depois do surgimento de Fafá de Belém, sua conterrânea Gaby Amarantos também tenha começado muitos quilos acima do peso padrão sem medo de investir numa linha *sexy*, celebrizando-se como a Beyoncé do Pará e Rainha do Tecnobrega. Seu primeiro *single* a ser notado veio junto com um videoclipe lançado na

---

139 Entrevista de Fafá de Belém ao autor, *História Sexual da MPB*, Canal Brasil, 2010.
140 *Ibidem*.

internet. Era a música "Xirley"[141] (2011). No ano seguinte, lançou seu primeiro álbum, *Treme*, cuja canção "Ex mai love" (Veloso Dias) foi tema da novela global *Cheias de charme*. Contudo, menos de dois anos após sua consagração, em agosto de 2013, já podia ser vista participando de um quadro do *Fantástico* ("Medida Certa") em que celebridades se submetiam a um severo tratamento para emagrecer. Perdeu quase vinte quilos, facilitando sua carreira na televisão, já que, mais que cantora, tornou-se uma grande celebridade, sendo estrela de vários programas dedicados às mulheres, como *Saia Justa*, no GNT, e *Troca de Estilos com Gaby Amarantos*, no Discovery Channel, em que recebia duas mulheres que se conheciam, mas não gostavam do estilo uma da outra.

Em dezembro de 2019, numa reportagem da *Folha de S.Paulo*, analisou sua relação com o próprio corpo: "Eu sou uma mulher de xerecão, eu tenho tudo grande, eu sou grande. Eu tenho bundão, pernão, bração. Já tive problemas com isso, hoje me adoro como eu sou, fora do padrão". Porém, não se considerava exatamente gorda. "Não sou gorda, acho que dizer que sou gorda tira o protagonismo de quem é gordo de verdade e não quero tirar o lugar de ninguém. Gordo é quem não consegue passar na roleta do ônibus, que senta numa cadeira e ela quebra." Gaby contou que foi bulímica durante 15 anos de sua vida, que fez duas cirurgias plásticas para tentar diminuir seu tamanho: uma lipoaspiração e uma abdominoplastia.

> Fiz tudo sem orientação nenhuma, fiquei quarenta dias de cama depois da operação na barriga e depois quatro meses andando corcunda, porque eles puxam a pele e você perde a flexibilidade. Fizeram um novo umbigo em mim. E ninguém me falou como seria o pós-operatório, disseram que em duas semanas eu poderia fazer show de novo. Tive que cancelar tudo por quase seis meses.[142]

Despontando alguns anos antes de Gaby Amarantos, em 2003, Preta Gil deixou uma bem-sucedida carreira de *promoter* para virar

---

141 Composição de Zé Cafofinho, Original DJ Copy, Chiquinho, Marcelo Machado e Hugo Gila.
142 "Gaby Amarantos: 'Sou uma mulher de xerecão'", *Folha de S.Paulo*, coluna Mônica Bergamo, 1 dez. 2019, Ilustrada, p. 2.

cantora pop, numa linha de entretenimento com referências de Ivete Sangalo (criou o Bloco da Preta no Carnaval do Rio) e o humor das *drag queens* da noite *gay* carioca. Seu primeiro CD, *Prêt-à-porter*, trouxe seu maior sucesso, "Sinais de fogo" (Ana Carolina, Totonho Villeroy) e a artista posando completamente nua no encarte, ostentando seu corpo gordo sem complexos. Dez anos depois, entretanto, lá estava ela no mesmo quadro do *Fantástico* ao lado de Gaby Amarantos (e também do sertanejo César Menotti e do humorista Fábio Porchat). Entretanto, a cantora afirmou que a mudança em seu estilo de vida aconteceu em nome da saúde: "Passo quatro dias por semana pulando loucamente em cima do palco, mas sempre saio pedindo uma ambulância. Estou com quase 40 anos e uma lesão séria no joelho, preciso melhorar"[143].

Se Preta orgulhava-se de sua forma física e rendeu-se à magreza por razões de saúde, embora jamais tenha sido, assim como Gaby, uma modelo de passarela beirando a anorexia imposta pela ditadura do mundo da moda, vejamos o que sucedeu à expoente da nova música sertaneja, Marília Mendonça. Alinhada a uma estética musical cabareteira, em 2015, com apenas 20 anos, estourou no país inteiro o *hit* "Infiel", de sua autoria. E, entre 2017 e 2018, a jovem cantora e compositora já era a artista mais ouvida do país, encabeçando um movimento conhecido como "feminejo" – de mulheres autoafirmativas em seu segmento –, sendo a mais vista no YouTube no Brasil até então, com cerca de 4,7 bilhões de visualizações só em seu canal. Pois seu discurso nas entrevistas inicialmente era, como o de Preta, o de lidar bem com o fato de estar acima do peso.

Não demorou muito para que o padrão normativo batesse à sua porta. Em março de 2019, o portal *VivaBem* dava a seguinte manchete: "Depois de perder mais de 20 kg, a cantora Marília Mendonça resolveu fazer cirurgias plásticas para retirar o excesso de pele, foram cerca de 1,8 kg"[144]. Para a revista *Marie Claire*, a própria artista confirmava:

143 "Que vençam os menores", *O Globo*, Revista da TV, 1 set. 2013, p. 8.
144 "Marília Mendonça retira quase 2 kg de pele após emagrecer; entenda cirurgia", *UOL VivaBem*, 9 mar. 2019, disponível em: <https://www.uol.com.br/vivabem/noticias/redacao/2019/03/09/marilia-mendonca-retira-quase-2-kg-de-pele-apos-emagrecer-entenda-cirurgia.htm>, acesso em: 2 maio 2022.

"Após passar por essa mudança de estilo de vida, na qual perdi mais de vinte quilos, muita gente questionou sobre eu estar cedendo aos padrões. Logo eu, que sempre defendi essa liberdade?! Eu nunca cedi a padrão nenhum" e completava: "Fiz uma reeducação alimentar com foco em melhorar a minha saúde e emagreci como consequência"[145]. É interessante constatar que, antes de seu falecimento precoce, aos 26 anos, em novembro de 2021, sua última imagem na rede social era uma piada envolvendo esse assunto. Ao embarcar no aeroporto rumo a uma série de shows em Minas Gerais, exaltava as "delícias" da cozinha mineira, como a cachaça, o queijo canastra, o pão de queijo e o feijão tropeiro. Na sequência, entretanto, aparece fazendo exercícios e comendo uma maçã na poltrona do avião, num contraste entre "expectativa" e "realidade" do que a aguardava. Difícil em certos casos saber exatamente as motivações dos regimes de emagrecimento; o fato é que a "gordofobia" continua existindo.

Sendo assim, foram entrevistadas em novembro de 2019, para este trabalho, quatro artistas do sexo feminino com corpos fora dos padrões estabelecidos, a fim de entender melhor essa questão. Para começar, Cida Moreira. Consagrada no movimento *cult* da Vanguarda Paulista, cujo auge se deu entre 1979 e 1985 (e a aceitava do jeito que ela era, justamente por ter uma estética realmente transgressora), ela explica com todas as letras o quanto sofreu com isso para sobreviver em suas mais de quatro décadas de carreira, aproveitando para citar outras cantoras anteriores a ela, como Maysa (1936-1977) – uma de nossas primeiras compositoras expressivas e uma artista que ficou famosa por estar à frente do tempo, munida de uma personalidade forte na vida e na própria arte – e a referida Tuca, além de outras contemporâneas a ela, como Célia (1947-2017), que começou a gravar em 1973, mas nunca conseguiu um sucesso radiofônico nem se impôs nacionalmente, sendo sempre chamada informalmente de "Célia Gorda", e Simone Mazzer.

---

145 "'Nunca cedi a padrão nenhum', diz Marília Mendonça sobre sua perda de peso", *IG Gente*, 14 nov. 2018, disponível em: <https://gente.ig.com.br/celebridades/2018-11-14/marilia-mendonca-perda-peso.html>, acesso em: 2 maio 2022.

O fato de ser gorda me prejudicou porque é uma coisa fora do padrão e, sendo fora, só se aceita se for uma coisa folclórica. A seleção começa por aí e até hoje é assim. Quando Maysa surgiu, ela só começou a ver o que valia quando emagreceu. Era riquíssima, belíssima, mas o fato de ser gorda era sempre o motivo pelo qual era primeiramente citada: "a cantora gorda e triste". Somos sim discriminadas – eu, Célia, Simone Mazzer... Não se aceita o fato de se achar bonito isso. Não veem beleza numa pessoa que é assim ou assado. Só veem beleza num determinado tipo de pessoa. Há alguns anos, a Célia comentou comigo: "Se a gente não fosse gorda, as nossas carreiras teriam sido de outra maneira". Sou obrigada a concordar. Isso realmente acontecia. Nunca fui agredida, era uma coisa um pouco surda, velada. Eu então, que sou um produto do teatro, da música pop, com cabelo vermelho, roupas estapafúrdias, repertório diferente, era vista como "a gorda ruiva cabeluda", "aquela que canta Janis Joplin". Fatos que podiam gerar um saldo positivo ou negativo...[146]

A propósito de Leny Eversong, Cida, autora do texto de "orelha" deste livro, recorda-se de assisti-la pela televisão e de vê-la nas revistas da época de quando era pequena e adolescente. "Minha mãe amava a Leny, que era uma figura extraordinária. Vestia roupas deslumbrantes, um luxo absoluto e nunca se fez de coitada, de vítima. Teve, infelizmente, sim, um fardo muito pesado na vida pessoal". Fala ainda da tristeza em ver o fim de Tuca, esta sim, vítima fatal do próprio peso. "Tuca era linda, tinha olhos verdes... Morreu de tanto tomar remédio para emagrecer. Ela já havia feito uma dieta. Perdeu trinta quilos e ficou já desfigurada. Emagreceu tomando *bola*, continuou nessa batida e morreu por causa disso. Infelizmente, não me pareceu que fosse bem resolvida por ser gorda."

Sobre a amiga Célia, relata como foi difícil para ela perder peso, já em sua última década de vida. "Célia fez [cirurgia] bariátrica e logo se tornou diabética. Emagreceu pela falta de saúde. Imagine que, após a operação, ela comprava bolo na loja Amor aos Pedaços, batia com leite condensado no liquidificador e tomava de canudinho! Ela podia entrar

146 Entrevista de Cida Moreira ao autor em novembro de 2019.

em coma diabético no palco!" Lembra também que, em outra tentativa, a amiga colocou "um grampo no estômago e o grampo enferrujou". Sobre Fafá de Belém, observa que, mesmo bem resolvida com seu corpo, ela chegou a fazer plástica nos seios, pois eram muito maiores.

Cerca de uma década e meia após o surgimento de Cida Moreira, outra mulher fora dos padrões apareceu no cenário musical brasileiro. Era Sandra Maria Gottlieb, que a partir de 1994 ficou conhecida como Gottsha, cujo nome artístico é um misto de "Deus" em alemão ("Gott") com seu sobrenome, e a expressão americana "gotcha", algo como "te peguei" em inglês. E realmente ela "pegou" muita gente, no sentido de confundir as pessoas – tanto em relação a seu gênero sexual quanto à nacionalidade. Há, no entanto, várias semelhanças com Leny Eversong. É branca, loura (por opção) e corpulenta, como Leny foi na meia-idade (pois, na época de sua explosão, nos anos 1950, era bem mais obesa), e aconteceu na cena LGBTQI+ de então cantando em inglês temas dançantes como "No One to Answer" (Marcelo de Alex), seguida de "Break Out" (Rondon de Andrade).

Quanto à forma física, Gottsha apostou num visual exótico, a exemplo de Elke Maravilha ou da vedete Wilza Carla, se apropriando de certa forma da estética *clubber*, a moda noturna que invadiu festas e boates nos anos 1990. Entretanto, acredita que, apesar de tudo, não ficou ligada ao estereótipo da "gorda engraçada", pois sempre tentou primar pela coerência com o tipo de música que cantava e o público que queria alcançar. Quando o modismo da "eurodance" passou, ela começou sua carreira de atriz de musicais, e em seguida conciliou a de cantora com papéis em novelas de TV. Nesse momento, aí sim, ela sentiu mais de perto o problema de ser um corpo fora dos padrões.

> A gorda está sempre fora do padrão, não importa o tamanho, se não for a mulher de corpo violão "acinturado" já está fora do padrão. É difícil conseguir um personagem em TV. Você nunca está no *physique du rôle*. Você não pode fazer, por exemplo, uma mulher rica, uma personagem "normal". Ou você é "a gorda" que tem algum tipo de problema ou é a engraçada. É sempre a gorda que tem um problema com a gordura, que não tem namorado porque "é gorda", não é, por exemplo, "a filha da dona da loja"...

Leny em ensaio fotográfico em 1956.

Uma vez recebi um texto de uma série de TV em que a personagem nem tinha nome, era simplesmente "a gorda". Tudo bem que era só para fazer um teste, mas as sinopses são sempre assim, tipo "uma gorda que veio não sei de onde, trabalha como manicure etc.". Às vezes não tem nem nome! O negro também passa por isso. A gente sente o mesmo preconceito. Agora está tendo toda essa cultura da valorização do negro que é maravilhosa.

Outra questão é que você não nasce gordo, você adquire essas características, é como você falar de uma orientação sexual, então você sofre esse tipo de preconceito medíocre.[147]

Outra situação muito revoltante que aconteceu com ela se deu quando foi convidada para fazer a novela *Senhora do destino*, na TV Globo, em 2004. No caso, um diretor a viu com sua silhueta mais gorda numa peça que estava fazendo, porém, na fase em que foi contratada, estava mais magra. Foi quando passou a receber avisos: "se estiver com este corpo vai perder o papel". "Claro que foi facílimo engordar. [risos] Mas veja que é tudo um preconceito. Parece que você não pode ter corpo nenhum", indigna-se.

Contemporânea de Gottsha, a paranaense Simone Mazzer formou-se em Educação Física, numa fase em que, assim como Leny, ainda era magra e igualmente gostava muito de jogar vôlei. Artisticamente, começou por volta dos 23 anos com o grupo musical Chaminé Batom, em Londrina, depois trabalhou por vinte anos em teatro, na Companhia Armazém, de espetáculos audaciosos e alternativos, até que, a partir de 2012, aos 44 anos, decidiu finalmente se lançar em carreira solo como cantora, chegando ao clímax com o lançamento do CD *Férias em videotape* (2015), que lhe rendeu o Prêmio da Música Brasileira na categoria revelação, no ano seguinte, e a inclusão da faixa "Tango do mal" (Luciano Salvador Bahia) na novela *Babilônia*, da TV Globo. Ela diz que a primeira vez que sentiu que era um corpo fora dos padrões foi no início da década de 1990, quando seu grupo musical fazia grande sucesso em sua cidade natal.

---

147 Entrevista de Gottsha ao autor em novembro de 2019.

Depois de muito tempo fazendo shows, entrou em contato conosco um empresário prometendo mundos e fundos. Tudo seria lindo e maravilhoso desde que eu emagrecesse. Aí levei um susto porque não sabia que isso era necessário em algum momento. Daí eu falei: "A gente está querendo coisas distintas" e segui meu caminho. Foi a primeira vez que fui apresentada a um padrão. Era uma mensagem clara: você ser gorda não vai vender shows. Depois, passei vinte anos no teatro, trabalhando numa companhia mais protegida desse tipo de coisa e isso nunca mais me aconteceu. Na TV e no cinema... ali sim existe uma gama de personagens muito restrita para o meu tipo físico. Obviamente porque não são criados personagens para gordos e, quando há, temos uma grande fatia direcionada para o humor, e desse humor grande parte é um humor gordofóbico, que também não me interessa.[148]

Simone explica que, por outro lado, existem autores, diretores, roteiristas que a têm procurado de uns anos para cá para fazer grandes personagens como atriz. "Mas até eu encontrar essas pessoas que me ofereceram esses personagens, até eu ficar conhecida a ponto de essas pessoas me chamarem, demorou muito. Na música, além do fato da gordura, atrapalha o fato de eu ter 51 anos e de a minha voz também não estar no padrão". Sim, como Leny Eversong, Simone tem uma voz muito potente, sobretudo nos médios e agudos. E se, naquela época em que o rádio ainda era preponderante, Leny sofreu um pouco com seu volume vocal para encontrar repertório adequado em sua língua, hoje, no ápice da era imagética, Mazzer enfrenta o fato de que "ter voz" ou estilo próprio definitivamente não são mais qualidades essenciais no mundo contemporâneo da música, bem como preocupar-se com o texto das canções – como artista consciente que é de seu papel na sociedade – também tornou-se algo totalmente desvalorizado pela cultura midiática do entretenimento.

Num momento do país em que as questões identitárias urgem na contramão do conservadorismo, Mazzer decidiu cometer uma ousadia.

---

148 Entrevista de Simone Mazzer ao autor em outubro de 2019.

Em 2018, lançou um *single* chamado "O corpo" (do compositor baiano Luizão Pereira) e resolveu realizar uma performance diferente. Ao final de seu show no Teatro Ipanema, para entoá-la, despiu-se, ficando apenas de meia-calça, calcinha e sutiã, de modo que as pessoas saíssem de lá pensando sobre o assunto, e obteve receptividade surpreendente do público.

Ao folhear revistas com matérias absurdas da época mostradas pelo autor, com Leny Eversong posando sobre balanças de farmácia, comendo ou bebendo, diz: "Não se faz mais esse exagero, mas agora é velado. Ainda tem um ranço. Não se faz, mas faz".

Se Cida, Gottsha e Mazzer são cantoras de classe média e brancas (ou de tez de pele mais clara), a jovem Carolina de Oliveira Lourenço, a MC Carol, reúne quatro elementos que poderiam torná-la uma grande vítima da sociedade em outros tempos: é negra, funkeira, nascida em favela e... gorda. Natural de Niterói, criada no Morro do Preventório, começou a aparecer de maneira mais contundente a partir de 2013, com funks divulgados na internet, como "Jorginho me empresta a 12" (Carol, Fábio André, Leo Justi), sobre um rapaz que a deixou trancada em casa enquanto foi para um baile funk sozinho "comer outra mulher" e "Não foi Cabral" (Carol, Leo), que ironiza a história do Brasil, afirmando que antes do navegante português já havia indígenas no país e exigindo mais destaque para figuras femininas como Dandara, mulher de Zumbi dos Palmares.

Carol teve grande influência da MC Tati Quebra-Barraco, também negra e egressa de uma comunidade na Cidade de Deus, sendo pioneira do funk carioca a abordar assuntos sexuais de forma autoafirmativa no feminino, mostrando aos homens o que elas, as mulheres, queriam deles na cama, invertendo pela primeira vez o jogo machista dos funkeiros. Por ser um corpo fora dos padrões no início dos anos 2000, Tati usou isso até como tema de um dos seus maiores sucessos, "Sou feia, mas tô na moda" ("Tô podendo pagar hotel pros homens/ Isso que é mais importante"). Já Carol era (e é) muito mais corpulenta que a colega e pagou um preço por isso desde a infância, ouvindo piadas até dentro da família ("O mundo não é dos gordos", lhe disse um tio). Quando foi para a escola, viu de perto um segundo problema, ainda pior, o racismo.

MC Carol conta que aprendeu a ter autoconfiança com um avô que a criou para ser uma mulher independente. Quando se iniciou no funk, aos 15 anos, seu avô já era falecido, mas de seus ensinamentos ela nunca esqueceu. Já sabia que ia sofrer por ser bastante gorda (afinal, era uma época em que reinavam nos bailes as chamadas "mulheres frutas", com grandes glúteos, excelente forma física e vestindo roupas curtíssimas, ao contrário dela, que trajava peças um tanto masculinas) e também por seu discurso sexual, retomando as temáticas autoafirmativas que Tati Quebra-Barraco havia estilizado entre 2001 e 2005.

> Acho que autoestima não tem nada a ver com ter corpão ou não. Sempre tive muita autoestima. O cara que eu queria pegar eu sempre pegava. Como eu era assim, muito "atacada" no palco [com discurso incisivo], algumas pessoas jogavam latinha, garrafinha, copo de cerveja em mim, aí me lembrava do meu avô, e continuava o show como se nada estivesse acontecendo.[149]

Ela afirma com muita propriedade que só pretende emagrecer algum dia em função exclusivamente de saúde, não de autoestima, pois o peso a dificulta ao praticar alguns esportes, como futebol, de que sempre gostou, e também nos deslocamentos para shows, nos aeroportos do país. Quando é chamada de vencedora, porém, MC Carol refuta essa alcunha. Embora já haja pequenas mudanças nos últimos tempos em relação à gordofobia, ela acredita que ainda haja um longo caminho pela frente, especialmente para as mulheres.

> Só vou vencer quando começar a ver mulheres gordas e negras em proporção pelo menos de 50% do total nas passarelas, nas capas de revistas, como atrizes principais de novela. Não conheço nenhuma atriz principal de novela – e a gente tem tantas novelas... – sendo gorda e negra. Acho que nem em filme, sendo papel principal!

---

149 Entrevista de MC Carol ao autor em novembro de 2019.

Ela frisa que, em relação ao peso, a mulher gorda sofre um ônus ainda maior que o homem gordo. "A gente é muito mais cobrada, já ouve desde pequena isso. Minha avó falava umas coisas assim: 'Se você crescer e engordar muito, você não vai conseguir casar'. A gente tem que ser perfeita – ser dona de casa, dar filhos, continuar com corpo perfeito..."

Carol implica também com o mundo da moda no país e tem razões de sobra para isso. Diz que, quando vai aos Estados Unidos, encontra facilmente roupas para gordas, mas no Brasil até o manequim feminino GG é menor que o masculino. Narra ainda uma experiência pessoal, constrangedora, nos bastidores do festival Rock in Rio, em setembro de 2019. Uma marca confeccionou roupas para vinte colegas que se apresentaram na mesma noite que ela, mas, na hora de fazer a sua, o modelito nunca ficava pronto: "Fiquei me perguntando: essa marca fez para vinte pessoas, qual é a diferença de fazer pra mim? Vai gastar mais pano? [risos] Mas é o preconceito de não querer se vincular a uma pessoa gorda. São coisas que ainda estão acontecendo. É um absurdo!".

Entretanto, há alguma luz no fim do túnel.

Fui convidada a desfilar na São Paulo Fashion Week pela marca Lab, Laboratório Fantasma, e para propaganda de beleza da Avon. Essas coisas me deixam feliz pra caramba. Mas não tem que acontecer só comigo, tem que acontecer pra muita gente. Não é só ter uma exceção de vez em quando. As marcas têm que abraçar esses corpos.

Leny ficaria orgulhosa.

No auge da carreira, em 1957.

Por que lembrar
Leny Eversong?

eny Eversong foi uma figura egressa da Era do Rádio, atuante em legendárias emissoras como a Tupi, do Rio de Janeiro, e a Nacional paulista, mas também participou de inúmeros programas – inclusive tendo o seu próprio no início da televisão no país, atuando inicialmente nas não menos prestigiadas TVs Rio, Tupi, Excelsior daqui e na CBS americana. Esteve nas telas de cinema, seja em chanchadas dos anos 1950 ou tomando parte numa grande produção franco-brasileira no início da década seguinte, *O santo módico*. Participou de um festival de música popular e teve novamente seu próprio programa musical, na TV Record; atuou como atriz numa novela na TV Rio, além de tomar parte numa grande peça musical, a *Ópera dos três vinténs*, tudo isso nos anos 1960.

Esteve sob contrato de famosas gravadoras, como Continental, Copacabana e RGE no Brasil, e teve discos gravados e editados pela Coral e Seeco norte-americanas, Barclay e Vogue francesas, além de ter feito longas temporadas em alguns dos palcos brasileiros mais nobres à época, como as boates Vogue, Meia-Noite (do Copacabana Palace), Au Bon Gourmet, Casablanca, Fred's e Top Club, no Rio de Janeiro, e Oásis, Djalma's, Clube de Paris e Ela, Cravo e Canela, em São Paulo, além da Macumba, na recém-construída Brasília, onde participou do show de inauguração da nova capital.

No exterior, cumpriu contratos no Olympia, de Paris; na boate Mocambo, de Hollywood; no Romanoff, de Nova York; no Cassino Estoril, de Portugal; e nos grandes palcos dos hotéis-cassinos Palm Beach, em Cannes; Fontainebleau, em Miami; sobretudo no Thunderbird, de Las Vegas, no qual esteve em três longuíssimas temporadas, somando mais de setecentas apresentações. Isso sem contar inúmeras casas de shows em Cuba, Porto Rico, Venezuela, Peru, Chile, Argentina e Uruguai, em que muito poucos astros e estrelas do país tiveram, como ela, reconhecido êxito e uma unanimidade da crítica em todas as cidades por que passou.

Afora isso, Leny cruzou a vida de personagens da maior relevância de nosso meio radiofônico, cinematográfico, teatral, televisivo, jornalístico e musical, como o cronista e compositor Antonio Maria, o diretor teatral Carlos Machado, os empresários Assis Chateaubriand, Paulo Machado de Carvalho e barão Von Stucker, os apresentadores Silvio Santos, Bolinha, Cidinha Campos, Aírton & Lolita Rodrigues e J. Silvestre, além do americano Ed Sullivan; os intérpretes nacionais Cauby Peixoto, Angela Maria, Inezita Barroso, Hebe Camargo, Agnaldo Rayol, Roberto Luna, Tito Madi, entre outros; os internacionais Elvis Presley, Frank Sinatra, Sammy Davis Jr., Johnnie Ray e os *band leaders*, ícones do jazz, Count Basie e Duke Ellington; os humoristas Juca Chaves e Jô Soares; as bailarinas Irmãs Marinho; os diretores de cinema Aloísio Teixeira de Carvalho e Robert Mazoyer, e de TV Nilton Travesso; os compositores Tom Jobim, Agustín Lara, Carlos Lyra e Jimmy McHugh; os atores Osvaldo Loureiro, Ruth Escobar, Darlene Glória e Paulo Gracindo; a comediante Zilda Cardoso; os maestros Gaó, Guerra-Peixe, Anthony Sergi, Simonetti, Neal Hefti e Pierre Dorsey; os músicos Pedrinho Mattar e Daniel Salinas, e até mesmo o presidente Juscelino Kubitschek.

Johnny Ray, quando em São Paulo, fêz questão de visitar Leni Eversong, de quem se disse admirador desde os Estados Unidos. E levou o seu último LP de presente a Leni. Johnny ensinou novas melodias para o cantor internacional...

"Johnnie Ray, quando em São Paulo, fez questão de visitar Leny Eversong, de quem se disse admirador desde os Estados Unidos." (*Radiolândia*, 20 dez. 1958)

Leny foi capa da principal revista brasileira dos anos 1950, *O Cruzeiro*, e das mais populares, como *Revista do Rádio* e *Radiolândia*, além de *O Mundo Ilustrado*, e enfocada em inúmeras matérias de revistas e jornais, inclusive em primeira página, na volta de suas excursões ao exterior. Foi retratada pelos colunistas sociais Ibrahim Sued e Jacinto de Thormes, pelos críticos musicais brasileiros Sylvio Tullio Cardoso, Ary Vasconcelos, Claribalte Passos, Sérgio Porto, Jurandir Chamusca, Ouvinte Desconhecido e Maurício Quádrio. Mesmo cantando fora do país majoritariamente em inglês, mas também em francês, italiano e espanhol, mas sem saber falar nenhuma língua além do português, mereceu resenhas elogiosas em alguns dos órgãos de imprensa mais prestigiados dos Estados Unidos, como as revistas *Time* e *Cash Box*; da França, como

Paris Journal, L'Aurore, Le Parisien, Paris Presse e *Music Hall*; além do argentino *Clarín*. Ganhou inúmeros prêmios de "melhor cantora internacional" no Brasil, com os troféus Roquette Pinto e O Guarani, e de "melhor cantora americana" na Bélgica e na Holanda. Chegou a ter um dos maiores cachês da época no Brasil e, em pouco tempo, também no exterior. Em 1968, após oito anos longe dos palcos americanos, ganhou um especial só seu, em colorido, na TV local CBS.

Por ter sido nossa pioneira cantora com características vocais-corporais fora dos padrões normativos, chamou muito a atenção. Mas passou por cima dos preconceitos, assumindo-se gorda "com orgulho", disposta a deixar-se fotografar subindo em balanças de farmácia, comendo bolos ou variados pratos de comida, barris de vinho, garrafas de leite ou com carnes e linguiças num armazém de secos e molhados, traçando frangos e simulando um jogo de pingue-pongue com uma bola de basquete. Ria – ou pelo menos fazia crer que ria – das blagues que fazia a respeito de sua corpulência a ponto de dizer que gostou do apelido da garrafa de Coca-Cola grande que haviam lançado e apelidado com seu nome. Seu desabafo publicado como crônica na revista *O Cruzeiro*, após seu triunfo artístico e financeiro em Las Vegas, no final dos anos 1950, é digno de qualquer antologia de superação. Mesmo com o mau gosto dos comentários sobre seu corpo na imprensa e a má vontade de parte da crítica "nacionalista", a cantora chegou onde muito poucos artistas brasileiros de todos os tempos chegaram.

Considerando que as tradições foram todas inventadas em algum momento, que não existe um corpo "natural", que a beleza – como o conceito de nação – é uma construção cultural, é fundamental que figuras com corpos e escolhas estéticas fora dos padrões em nossa música e cultura de maneira geral sejam reinseridas em nossa historiografia. É preciso pensar a música e as artes de maneira geral de uma forma universalizada e não no âmbito estritamente nacional, valorizando a potência do simulacro e não a cópia banal dos modelos preestabelecidos, por vezes impostos pela cultura midiática dominante.

Se Leny vivesse nos dias atuais, possivelmente não sofreria com o patrulhamento do nacional popular, pois hoje se dá exatamente o inverso em nossa cultura. Na falta de críticos contundentes e a ascensão dos *influencers* nas redes sociais, o que se vê é uma condescendência e uma relativização sobre qualquer trabalho artístico. Artistas pop como Anitta e Ludmilla não têm qualquer constrangimento em se parecer com cantoras americanas contemporâneas. Pagodeiros como Belo ou Ferrugem, sertanejos como Lucas Lucco ou Gusttavo Lima e calouros de programas de TV, estilo *The Voice Brasil*, podem imitar impostações e melismas do canto norte-americano, arrebatando multidões de fãs, sem serem questionados. Entretanto, pelo excesso de voz, pela corpulência e até por criar um estilo próprio, sem imitar ninguém, mesmo cantando gêneros estrangeiros, muito provavelmente a cantora ainda hoje teria até muito mais problemas do que em sua época, pois vivemos um tempo em que a padronização e a globalização tendem a uniformizar ainda mais a humanidade, incluindo os artistas. E os comentários pejorativos viriam não dos colunistas, mas dos *haters* da internet.

Por outro lado, com as discussões tão presentes na contemporaneidade sobre inclusão de gênero, raça e sexualidade, que acabaram por ampliar francamente um debate a favor de uma maior diversidade em relação às diferenças, sejam elas quais forem, fazendo com que até mesmo alguns artistas fora dos padrões impostos pelo sistema já comecem lentamente a conquistar seus espaços, está mais do que na hora de Leny Eversong fazer jus a seu nome artístico e virar a página do apagamento, da negação de sua memória, transitando do "nunca" para o "sempre" ("*ever*"). É preciso ver sua figura, ouvir e sentir seu canto múltiplo, poliglota, performático e sem Pro Tools.

Trinta e oito anos após sua morte, Leny pode e deve ser um símbolo dessa real diversidade sem *fake news*, de traduzir em seu corpo físico e vocal a verdade de cada um(a), sem rodeios, sem firulas, sem preconceitos. Assim como antes dela Aracy de Almeida também abriu um caminho diferente para outras belezas e estilos de interpretação, Leny, a seu modo, é também um pouco Maysa, Célia, Tuca, Cida, Fafá, Gottsha, Mazzer, Amarantos, Carol e todas as que em algum momento ousaram abrir a garganta e brilhar sem as eternas convenções culturais normativas. Por isso, está na hora de reviver Eversong: "Sempre" – e "para Sempre" – "Canção".

Referências bibliográficas

Livros

ANDERSON, Benedict. *Comunidades imaginadas: reflexões sobre a origem e a difusão do nacionalismo.* Trad. Denise Bottman. 2ª ed. São Paulo: Companhia das Letras, [1983] 1991.

ANDRADE, Mário de. *Ensaio sobre a música brasileira.* 3ª ed. São Paulo: Vila Rica; Brasília: INL, 1972.

CAMPOS, Augusto de. *Balanço da bossa.* São Paulo: Perspectiva, 1974.

CASTRO, Ruy. *Chega de saudade: a história e as histórias da bossa nova.* São Paulo: Companhia das Letras, 1990.

DREYFUS, Dominique. *Vida do viajante: a saga de Luiz Gonzaga.* São Paulo: Editora 34, 1996.

ECO, Umberto. *História da beleza.* Trad. Eliana Aguiar. Rio de Janeiro: Record, 2004.

FAOUR, Rodrigo. *Bastidores: Cauby Peixoto, 50 anos da voz e do mito.* Rio de Janeiro: Record, 2001.

HALBWACHS, Maurice. *A memória coletiva.* Trad. Laurent Léon Schaffter. São Paulo: Vértice, 1990. (Orig. francês: *La Mémoire collective.* 2ª ed. Paris: Presses Universitaires de France, 1968.)

HUYSSEN, Andreas. *Twilight Memories: Marking Time in a Culture of Amnesia.* Londres; Nova York: Routledge, 1994.

JOBIM, José Luís (org.). *Literatura e identidades.* Rio de Janeiro: Uerj, 1999.

LIMA, Norma. *Ditadura no Brasil e censura nas canções de Rita Lee.* Curitiba: Appris, 2019.

SQUEFF, Enio; WISNIK, José Miguel. *Música: o nacional e o popular na cultura brasileira.* 2ª ed. São Paulo: Brasiliense, [1982] 1983.

ZUMTHOR, Paul. *Performance, percepção e leitura.* São Paulo: Cosac Naify Portátil, 2014.

Artigos

DINIZ, Júlio. "Sentimental demais: a voz como rasura". *In*: DUARTE, Paulo Sergio; NAVES, Santuza Cambraia (orgs.). *Do samba-canção à Tropicália*. Rio de Janeiro: Relume-Dumará, 2003.

HUYSSEN, Andreas. "Passados presentes". *In*: *Seduzidos pela memória: arquitetura, monumentos, mídia*. Rio de Janeiro: Aeroplano, 2000.

LEMOS, Anna Paula Soares; OLIVEIRA, Joaquim Humberto Coelho de; MEIHY, José Carlos Sebe Bom. "Arte e obesidade: tempos estéticos do corpo feminino". *Almanaque Multidisciplinar de Pesquisa*, v. 1, n. 2, 2015.

LIMA, Rogério da Silva. "Memória, identidade, território: a ficção como monumento negativo". *Guavira Letras*, n. 18, jan.-jul. 2014, pp. 300-22.

PERALTA, Elsa. "Abordagens teóricas ao estudo da memória social: uma resenha crítica". *Arquivos da memória: antropologia, escala e memória*, n. 2, 2007.

Jornais

A Imprensa de São Paulo – abr. 1948.

Correio da Manhã – coluna Música Popular, 28 ago. 1955; coluna Discoteca, 4 dez. 1955; coluna Rádio & TV, 25 maio 1956; 26 maio 1957; 14 jun. 1957; coluna Discoteca, 28 jul. 1957; 11 jul. 1957; 22 ago. 1957; coluna Rádio & TV, 7 maio 1958; 27 maio 1958; coluna Discoteca, 18 maio 1958; coluna Gatos Pardos, 15 ago. 1959; 6 set. 1959; coluna Para a sua discoteca, 5 out. 1958; coluna Antenas em Revista, 20 fev. 1960; Frases da Semana, 1 maio 1960; coluna Para a sua discoteca, 18 set. 1960; coluna Televisão, 12 jun. 1963; 8 dez. 1963; coluna Teatro, 26 jun. 1965.

Diário Carioca – Ricardo Galeno, Rádio & TV, 15 maio 1955; 9 jun. 1955; Janjão Cisplandim, As Estrelas Correm, 7 ago. 1955; Jacinto de Thormes, Sociedade, 23 ago. 1955; Rádio & TV, 28 dez. 1955; 11 jul. 1957; coluna Madrugada, 1 ago. 1957; 6 jul. 1957; 1 ago. 1957.

Diário da Noite – 10 abr. 1937; 21 mar. 1955; 16 abr. 1955; 2 ago. 1955; 15 ago. 1955; 31 ago. 1955; 4 dez. 1955; 27 jan. 1956; 14 abr. 1956; 24 maio 1956; 11 dez. 1956; Carlos Machado, 14 jan. 1957; 21 jan. 1957; 18 fev. 1957; Carlos Machado, coluna O Rio Antes e Depois da Meia-Noite, 1 mar. 1957; Briabre, 20 mar. 1957; 21 dez. 1957; 14 jan. 1958; Carlos Machado, coluna Antes e Depois da Meia-Noite, 5 abr. 1958; Sociedade, João Rezende Informa, 17 nov. 1958; Escreve Max Nunes, Ilustra Brandão, 4 abr. 1959; 26 set. 1960; coluna Preta Press, 29 set. 1960; 1 fev. 1961; As rubras cobranças da correspondência, 8 abr. 1961.

Diário de Notícias – coluna Rádio e TV, 11 nov. 1962.

Folha de S.Paulo – 25 maio 2001, 14 out. 2019, 1 dez. 2019.

Jornal do Brasil – coluna Rádio e Televisão, 29 dez. 1956; 21 abr. 1957; coluna Discos Populares, 22 jun. 1958; 2 ago. 1958; coluna Discos Populares, 20 dez. 1958; 6 mar. 1964; coluna Teatro, 4 abr. 1965; 6 abr. 1974.

O Globo – 17 mar.1955; coluna Nós, os Ouvintes, 19 mar. 1955; coluna Nós, os Ouvintes, 18 ago. 1955; coluna O Globo nos Discos Populares, 24 dez. 1955; Reportagem Social, 18 dez. 1956; 2 fev. 1957; coluna Nós, os Ouvintes, 22 mar. 1957; Reportagem Social, 6 maio 1957; coluna Bazar, 24 maio 1957; Reportagem Social, 13 jun. 1957; 6 jul. 1957; Cartas de Hollywood, 12 jul. 1957; coluna Nós, os Ouvintes, 16 jul. 1957; Reportagem Social, 5 ago. 1957; coluna Henrique Pongetti Apresenta O Show do Mundo, 12 out. 1957; Geral, 29 abr. 1958; Sylvio Tullio Cardoso, coluna O Globo nos Discos Populares, 6 maio 1958; coluna Mesa de Pista, 27 maio 1958; Reportagem Social, 30 maio 1958; 5 jun. 1958; 2 ago. 1958; coluna O Globo nos Discos Populares, 9 ago. 1958; coluna O Globo nos Discos Populares, 23 ago. 1958; Geral, 14 ago. 1959; coluna Nós, os Ouvintes, 21 ago. 1959; Sylvio Tullio Cardoso, coluna O Globo nos Discos Populares, 17 set. 1959; 8 out. 1959; Geral, 30 nov. 1959; Reportagem Social, 22 fev. 1960; coluna Nós, os Ouvintes, 18 mar. 1960; coluna Nós, os Ouvintes, 4 out. 1960; 14 abr. 1984; 1 set. 2013.

Tribuna da Imprensa – Rodrigo Faour, "Quem se lembra de 'Jezebeeeeeel'?", 26 abr. 1999.

Última Hora – 6 abr. 1955.

Revistas

Brasilidade – (sem data exata) 1943.

Clube dos Ritmos – n. 19, 1 jan. 1956.

Ken's Spotlight on Las Vegas – 20 ago. 1960.

Intervalo – n. 11, 24 mar. 1963; n. 18, 12 maio 1963; n. 19, 19 maio 1963; n. 48, 8 dez. 1963; n. 103, 27 dez. 1964; n. 105, 10 jan. 1965; n. 122, 9 maio 1965;

n. 148, 8 nov. 1965; n. 161, 6 fev. 1966; n. 169, 3 abr. 1966; n. 227, 14 maio 1967; n. 285, 23 jun. 1968.

Jornal das Moças – n. 2.419, 26 out. 1961.

Manchete – n. 281, 7 set. 1957; n. 443, 15 out. 1960; n. 452, 17 dez. 1960; n. 501, 25 nov. 1961; n. 510, 27 jan. 1962; n. 578, 18 maio 1963; n. 607, 7 dez. 1963; n. 651, 10 out. 1964; n. 664, 9 jan. 1965; n. 703, 9 out. 1965; n. 723, 28 fev. 1966; n. 850, 3 ago. 1968; n. 854, 31 ago. 1968; n. 958, 29 ago. 1970.

Marie Claire – nov. 2018.

O Cruzeiro (RJ) – coluna Música Popular, 13 ago. 1955; 20 ago. 1955; 19 nov. 1955; 3 dez. 1955; coluna Música Popular, 21 jan. 1956; 29 dez. 1956; 19 jan. 1957; 9 fev. 1957; 14 set. 1957; 12 dez. 1959; 29 ago. 1973.

O Mundo Ilustrado – n. 124, 6 maio 1960; n. 225, 14 abr. 1962.

Radiolândia – 25 jun. 1955; 17 dez. 1955; 30 jun. 1956; 2 fev. 1957; coluna Fora do Microfone, 8 fev. 1958; 5 dez. 1959.

Revista da Semana – n. 24, 16 jun. 1956; n. 31, 3 ago. 1957.

Revista do Globo (Porto Alegre) – 11 a 24 jan. 1958.

Revista do Rádio – n. 334, 4 fev. 1956; n. 355, 29 jun. 1956; n. 357, 14 jul. 1956; n. 411, 27 jul. 1957; n. 415, 24 ago. 1957; n. 428, 23 nov. 1957; n. 431, 14 dez. 1957; n. 457, 14 jun. 1958; n. 461, 12 jul. 1958; n. 465, 9 ago. 1958; n. 467, 23 ago. 1958; n. 477, 8 nov. 1958; n. 485, 3 jan. 1959; n. 504, 16 maio 1959.

Revista do Rádio e TV – n. 614, 24 jun. 1961; n. 623, 26 ago. 1961; n. 632, 28 out. 1961; n. 637, 2 dez. 1961; n. 641, 30 dez. 1961; n. 654, 31 mar. 1962; n. 656, 14 abr. 1962; n. 685, 3 nov. 1962; n. 696, 19 jan. 1963; n. 738, 9 nov. 1963; n. 846, 4 dez. 1965.

Outros

Caderno de reportagens sem datas exatas do início da carreira da cantora doado pelo filho, Álvaro Augusto – anos 1930, 1940 e início dos 1950.

Websites

Cliquemusic, Rodrigo Faour, "Os 80 anos da diva esquecida", 1 set. 2000.

Hemeroteca Digital Brasileira

IG Gente. "'Nunca cedi a padrão nenhum', diz Marília Mendonça sobre sua perda de peso". 14 nov. 2018.

Instituto Tom Jobim

UOL VivaBem. "Marília Mendonça retira quase 2kg de pele após emagrecer; entenda cirurgia". 9 mar. 2019.

Vídeos

Camera Three: Leny Eversong. Nova York: TV CBS, 1968.

Ed Sullivan Show. Nova York: TV CBS, 1957.

Especial Wilson Simonal com participação de Leny. São Paulo: TV Tupi, 1976.

Leny, a fabulosa. Ney Inácio. WRC Prod., 2015.

Programa Bibi Ferreira. São Paulo; Rio de Janeiro: TV Excelsior (trechos), 1966-1968.

Programa Onde Anda Você. Sérgio Chapelin. São Paulo: SBT, 1983.

SBT Repórter. Reportagem especial com Leny Eversong. São Paulo: SBT, 1984.

Série Documento: Leny Eversong. Dir. Roberto de Oliveira. São Paulo: TV Bandeirantes, 1974.

Fotografias

Acervo fotográfico da cantora doado pelo filho, Álvaro Augusto, e fotos de divulgação.

Partituras

"Candy" (fox de Mack David, Joan Whitney e Alex Kramer) – Leny Eversong, 1945.

"Marina" (rumba-fox de Rocco Granata) – Leny Eversong, 1959.

"Sereno" (rock-balada de Aloísio Teixeira da Silva) – Leny Eversong, 1958.

Discografia

Em CD

Convite para ouvir Leny Eversong. RGE, 1989. Coletênea (LP/CD).

A voz poderosa de Leny Eversong. Som Livre, 2002. Coletânea produzida por Rodrigo Faour. Inclui texto do autor.

A grande Leny Eversong. Revivendo, 2004. Coletânea de faixas de 78 rotações.

Leny Eversong. Série Grandes Vozes. Som Livre, 2007. Coletânea produzida por Rodrigo Faour.

Leny Eversong: Série Super Divas. EMI Music, 2013. Coletânea produzida por Rodrigo Faour. Inclui texto do autor.

Em LP

A voz de Leny Eversong. Copacabana, 1955.

Leny Eversong em foco. Copacabana, 1957.

Leny Eversong na América do Norte / Introducing Leny Eversong. Coral Records (NYC) / Copacabana, 1957.

Ritmo fascinante – Vol. 1. Copacabana, 1958.

The Swinging Leny Eversong. Seeco (NYC), 1958.

A Internacional. RGE, 1959.

Fabulosa!!! RGE, 1960.

Um drink com Cauby e Leny, ao vivo. Hot, 1968.

Extras

LP *5 Estrelas apresentam Inara* (Simões de Irajá). Copacabana, 1958. (Com Elizeth Cardoso, Inezita Barroso, Marita Luizi e Juanita Cavalcanti.)

LP *Viva o Festival da Música Popular Brasileira*. Artistas Reunidos, 1966.

LP *II Concurso de Músicas de Carnaval*. Secretaria de Turismo do Estado da Guanabara, 1968.

Em compacto

Hino Nacional Brasileiro, com coral e orquestra. Copacabana, 1957.

Leny Eversong – n. 1. Copacabana, 1958.

Leny Eversong – n. 2. Copacabana, 1958.

É hora de ouvir Leny Eversong. RGE, 1960.

Leny em Las Vegas. RGE, 1960.

A Embaixatriz da Música. RGE, 1961.

Leny Eversong – "Jerusalém" / "Samba internacional". Farroupilha, 1963.

Bossa com a internacional Leny Eversong. Farroupilha, 1965.

Leny Eversong apresenta Jequibau. Chantecler, 1966.

Leny Eversong – "Lá vem o bloco" / "Anoiteceu". Artistas Reunidos, 1966.

Leny Eversong – "Sabiá" / "Dia de vitória". Hot, 1968.

Leny Eversong – "Adoro" / "Seresta". Hot, 1968.

Em 78 rpm

Como lady-crooner do maestro Anthony Sergi (Totó)

"Tropical Magic" / "Weekend in Havana". Columbia, out. 1942.

"Tangerine". Columbia, fev. 1943.

"Kalamazoo" / "I Remember You". Columbia, abr. 1943.

"Happy in Love" / "Blue and Sentimental". Columbia, abr. 1943.

"Be Careful, It's My Heart" / "White Christmas". Columbia, abr. 1943.

"At Last" / "Let's Say Goodnight with a Dance". Columbia, maio 1943.

"I'm Getting Sentimental over You" / "The Last Call of Love". Columbia, maio 1943.

"Over There" / "Conchita, Marquita, Lolita, Pepita, Rosita, Juanita Lopez". Columbia, maio 1943.

"Always in My Heart" / "Let's Get Lost". Columbia, out. 1943.

Como Leny Eversong

"Stormy Weather" / "I Can't Give You Anything but Love". Continental, abr. 1944.

"The Music Stopped" / "I've Heard that Song Before". Continental, jun. 1944.

"I Dug a Ditch" / "They Just Chopped down the Old Apple Tree". Continental, ago. 1944.

"Irresistible You" / "Milkman Keep these Bottles Quiet". Continental, mar. 1945.

"When They Ask about You" / "And then You Kissed Me". Continental, mar. 1945.

"Candy" / "How Blue the Night". Continental, ago. 1945.

"Song of the Islands" / "Aloha oe". Continental, ago. 1945.

"Amado mio" / "Put the Blame on Name". Continental, nov. 1946.

"Take Me Back Baby" / "All the Cats Join in". Continental, 1946-1947.

"My Mammy" / "California Here I Come". Continental, jul. 1947.

"April Showers" / "Liza". Continental, jul. 1947.

"Estranho" / "Inutilmente". Continental, jul. 1951.

"Vidas iguais" / "Vem, meu amor". Continental, out. 1951.

"Pode ir em paz" / "Volta por Deus". Continental, jan. 1952.

"Jezebel" / "Blue Guitar" (com Cauby). Continental, jul. 1952.

"Vocês estão vendo" / "Mi manito". Continental, set. 1952.

"Pobre Pierrot" / "Eu não sabia". Continental, jan. 1953.

"Confissão" / "Solidão". Continental, mar. 1953.

"E ele não vem" / "Roda, roda, roda". Copacabana, ago. 1953.

"Padam, padam" / "Vencida". Copacabana, ago. 1953.

"Canção de Natal" / "Prece de Natal". Copacabana, dez. 1953.

"Big mamou" / "Rachel". Copacabana, dez. 1953.

"Ali Babá" / "Sempre te amei". Copacabana, jan. 1954.

"Estou morrendo de saudade" / "Panela vazia". Copacabana, jan. 1954.

"Johnny" / "400 verões". Copacabana, abr. 1954.

"Virgem Maria" / "Mater". Copacabana, maio 1954.

"Pretendida" / "Responde". Copacabana, maio 1954.

"Coração de palhaço" / "Enxuga as lágrimas". Copacabana, jan. 1955.

"Chuva" / "Ela diz que é grega". Copacabana, jan. 1955.

"Jovem coração" / "Portão antigo". Copacabana, jun. 1955.

"Vestido de fustão" / "Batuque de Salvador". Copacabana, ago. 1955.

"Nego Bola-Sete" / "Mamãe Yemanjá". Copacabana, out. 1955.

"Jezebel" / "Jalousie". Copacabana, 1955.

"Oxalá" / "Ritmo do coração". Copacabana, 1956.

"Noel Rosa" / "Aquarela mineira". Copacabana, 1956.

"Ontem" / "Taquará". Copacabana, 1956.

"Feliz Natal para Jesus" / "Nossa Senhora Aparecida". Copacabana, nov. 1957.

"Geada" / "No azul pintado de azul (Ni blu dipinto di blu)", com Roberto Audi. Copacabana, maio 1958.

"Fascination" / "Marianne". Copacabana, 1958.

"Sereno" / "Esmagando rosas". RGE, out. 1958.

"Fascination (fox)" / "Fascination (valsa)". Copacabana, mar. 1959.

"Concerto de Varsóvia (The World Outside)" / "It's Only Make Believe". RGE, abr. 1959.

"Marina (Marina)" / "Mack the Knife". RGE, mar. 1960.

"Coração de mãe". RGE, abr. 1960.

"Carina (Carina)" / "Sabor a mi". RGE, jun. 1960.

"Sol de verão (Theme from *A Summer Place*)" / "Oui, oui, oui, oui". RGE, set. 1960.

"Nunca num domingo (Never on Sunday)" / "Olhando estrelas (Look for a Star)". RGE, fev. 1961.

"A noiva (La novia)" / "Natureza fala por mim". RGE, abr. 1961.

Entrevistas concedidas ao autor

Adelaide Chiozzo; cantora e atriz, ago. 2000.

Agnaldo Rayol; cantor, ago. 2000.

Aloísio Teixeira de Carvalho; cineasta e compositor, fev. 2015.

Álvaro Augusto Filgueiras; cantor e baterista, filho de Leny Eversong, nov. 2012.

Angela Maria; cantora, ago. 2000.

Carminha Mascarenhas; cantora, ago. 2000.

Cauby Peixoto; cantor, ago. 2000.

Cida Moreira; cantora e pianista, nov. 2019.

Daniel Salinas; maestro e pianista, ago. 2000.

Dona Ivone Lara; cantora e compositora, ago. 2000.

Edy Star; cantor, ator e *performer*, nov. 2019.

Fafá de Belém; cantora, 2010.

Gottsha; cantora e atriz, nov. 2019.

Inezita Barroso; cantora e violeira, ago. 2000.

Jairo Severiano; historiador, ago. 2000.

Juca Chaves; cantor, compositor e humorista, ago. 2000.

Lana Bittencourt; cantora, ago. 2000.

Mary Marinho (Irmãs Marinho); dançarina, nov. 2019.

MC Carol; cantora e compositora, nov. 2019.

Osmar Frazão; radialista e produtor, nov. 2019.

Pedrinho Mattar; maestro e pianista, 2001.

Roberto Luna; cantor, mar. 2019.

Romeu Maccione; amigo da cantora, set. 2020.

Sidney Morais; cantor e compositor, abr. 2019.

Simone Mazzer; cantora e atriz, out. 2019.

Tito Madi; cantor e compositor, ago. 2000.

Agradecimentos

Quero agradecer ao meu orientador Júlio Diniz, professor e decano do Centro de Teologia e Ciências Humanas da PUC-Rio, pela amizade, dedicação e incentivo, bem como aos queridos professores Fred Góes (UFRJ) e Miguel Jost (também à época da PUC-Rio), que também fizeram parte da banca da minha dissertação de mestrado, defendida em 16 de março de 2020, devidamente adaptada neste livro e realizada com apoio da Coordenação de Aperfeiçoamento de Pessoal de Nível Superior-Brasil (Capes) - Código de Financiamento 001, a quem agradeço igualmente, assim como a todos os demais professores do Programa de Pós-Graduação em Literatura, Cultura e Contemporaneidade da PUC-Rio, que tanto contribuíram para ampliar minha visão de mundo.

Em relação à pesquisa da vida de Leny Eversong e ao livro em si, agradeço ao filho da cantora, Álvaro Augusto Filgueiras, *in memoriam*, por confiar a mim grande parte do acervo de sua mãe e ter me ajudado a tirar inúmeras dúvidas a respeito de sua trajetória. À querida Luciana Filgueiras, neta de Leny, pelo apoio. Meu muito obrigado a todos os artistas e radialistas que me concederam entrevistas ao longo dos mais de trinta anos em que venho me dedicando a desvendar o enigma do apagamento da memória dessa grande artista e às cantoras que falaram sobre suas experiências em serem corpos fora dos padrões no mercado da música brasileira. Quero ainda deixar meu afeto a Jairo Severiano, grande mestre na pesquisa musical, o primeiro a me falar da importância da cantora, me gravando alguns de seus discos; a Thiago Marques Luiz e Ney Inácio, que me ajudaram a descobrir os vídeos raros da cantora; a César Sepúlveda, que contribuiu com algumas matérias e sua memória prodigiosa sobre esse tempo; finalmente a Jeff Alves de Lima e toda a equipe das Edições Sesc São Paulo.

Créditos das imagens

Acervo pessoal da artista / fotógrafos desconhecidos, exceto:
pp. 29, 87, 105 e 114 - Fotógrafo não identificado /
Coleção José Ramos Tinhorão / Acervo Instituto Moreira Salles

Todos os esforços foram feitos a fim de obter o
licenciamento dos direitos autorais das imagens deste livro.
Caso recebamos informações complementares, elas serão
devidamente creditadas na próxima edição.

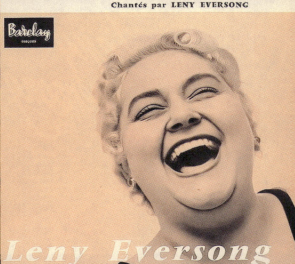

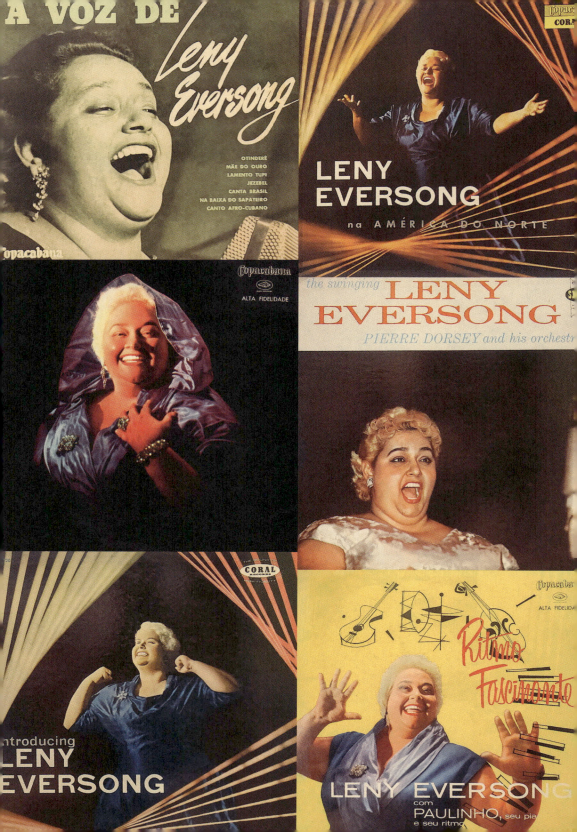

SÃO PAULO
COMEÇOU A GUERRA DA MÚSICA

texto de HENRIQUE NUNES • Fotos de SÉRGIO JORGE

O III Festival de Música Popular da TV Record teve 4.687 inscrições recebidas, com uma pré-seleção de temas nos estúdios. 50 de São Paulo concorrem 32 compôsitos com o título Jangadeiros, concorrentes do Rio de Janeiro enviaram 48 com o mesmo título. A influência das letras vencedoras dos últimos festivais: A Banda e Disparada, ganha na composição intitulada A Digarada da Banda. Depois das letristas foram Lampião, Jananaja, Saudade, Candomblé. A maioria dos compositores, entre os novatos, seguiu o rumo traçado por Gilberto Gil e Geraldo Vandré, explorando o folclore nordestino.

Um júri que permaneceu secreto durante mais de quarenta dias, foi necessário para ouvir e fazer a triagem de tôdas as composições, selecionou preliminarmente, que foram peneiradas, de forma a escolher os 30 melhores. Estas concorrerão à final do festival. O júri foi formado por Júlio Medaglia, Fernando Cacciatore, Tarsildo Hohagen, Paulo Duarte, Trinta músicos julgarão as classificadas: Velta Amarildi, Fernando Cacciatore, Rua Antiga, Roberta Meireles e Rubens Jochter, Canção de Jangadeiro que...

...o Festival de Música Popular da Bahia, a trabalho, presidida também Silsone Ribeiro, organizadora da grande competição.

Viu a Luz Côr-da-Sangue, de Carlos Coutinho e Chico de Assis, Uma Dúzia de Rosas, de Carlos Imperial, Bete Bee de Bela, de Sergio Ricardo, Gabriela, de Francisco Puzzatti Vivelros, Filho linetarioso por Maranhão, Maria, Caracine Cinzas, de Luiz Carlos Paraná, Dadá Maria, de Renato Teixeira, De uma em uma, Pérsio Sea Cavele e Continuas Anbando, de Geraldo Vandré e Hilton Acioli, Rada Viva, de Chica Buarque de Holanda, Pantelo, de Edu Lôbo, Alegria, Alegria, de Caetano Veloso, Bem-dia, de Nana Caimi e Gilberto Gil, Menina Moça, de Martinho José Ferreira, Blana Pastôra, de Fernando Lôbo e João Melo, Samba de Maria, de Vinícius de Moraes e Francis Hime, Eu e a Brisa, de Johnny All, Minha de Primavera, de Adilson Godói, Capoeirado, de Erasmo Carlos, A Cantiga de Jesuíno, de Laurenço de Fôrmosa Barbosa e Ariano Suassuna, Anda que te Anda, de Art Toledo e Mário Lago, O Milagre, de Nonato Guzar, E Fim, de Silvia Rosa, O Caeldedor, de Rui Caime e Nelson Mota, Por Causa de Maria, de Paulo Scappa e Marcus César, Inez Kiss Ki Fas, de Paulo Sigueira e Herminio Beto de Carvalho, Elias Anta e Valeiras, de Sidney Miller, Festa no Terreiro de Aldeia, de Antonio Carlos Marques Filho, Belinha, de Toquinho, A Domingo no Parque, de Gilberto Gil.

Famela e Guitar, um jurado, juntos do festival, assinala e é devida as composições selecionadas. Roberto Côrte Real declara que uma das coisas mais lindas que já ouviu foi Festa no Terreiro de Aldeia, de um compositor desconhecido, da Bahia, e que é de verdade um pontil cantada de candomblé. As seis músicas que ainda faltam ser classificadas serão dadas a conhecer esta semana, no programa de Héber Camargo. Jair Rodrigues foi o cantor preferido pelos compositores que escolheram nove vôtes. Simonal vem em seguida, com cinco vôtes, e Elis Regina com três.

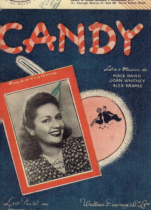

Ela emagreceu 40 quilos

LENY EVERSONG

A MESMA VOZ EM MENOR ESPAÇO

Reportagem de Vera Rachel

No início dêste ano, Leny Eversong, a cantora cujo nome foi sempre associado à idéia de volume — corporal e de voz —, decidiu fazer um regime sério para emagrecer. Sob a supervisão de um especialista, passava seis dias só tomando líquidos, dois comendo frutas e torradas e, novamente, seis dias só com líquidos. Em três meses, seu pêso caiu de 110 quilos para 77. O empresário rogou-lhe que voltasse a comer "para não afetar a imagem criada junto ao público". Ameaçou-a de perder a voz se continuasse. Mas ela se manteve firme: fêz plástica, gastou uma fábula, mas ficou satisfeita em readquirir os contornos que perdera desde a época do nascimento de seu único filho, Álvaro. Durante os meses do regime, Leny trabalhou na boate Drink, no Rio, mas seu grande teste com a nova aparência foi a temporada no Latin Quartier, de Nova Iorque. Lá, os temores do empresário se desmoronaram. A voz é a mesma — "até melhorou", diz ela, "porque fiquei com mêdo e voltei a estudar" — e a nova presença física não a impediu de obter um nôvo contrato. Em outubro, ela voltará para uma grande *tournée* pelos Estados Unidos e Canadá. E os jornais americanos gastaram o repertório de elogios às suas apresentações.

De volta ao Rio, Leny Eversong capitaliza seu sucesso nos EUA. "Do Latin Quartier no Drink" é o *slogan* da temporada no Rio.

Sobre o autor

Rodrigo Faour é jornalista, mestre e doutorando em Literatura, Cultura e Contemporaneidade pela PUC-Rio. Especialista em história da música popular brasileira, possui oito livros publicados sobre o tema, além de centenas de artigos e textos assinados em jornais, *websites* e coleções de discos. Ao lado de seu trabalho como professor, pesquisador musical, diretor e produtor de espetáculos e discos, atua também em rádio, TV e no canal Rodrigo Faour Oficial no YouTube.

Este livro foi composto nas fontes Obviously e Utopia
e impresso em papel Pólen natural 70 g/m² no miolo
e Supremo alta alvura 250 g/m² na capa, na Ogra
Indústria Gráfica Ltda. em junho de 2023.